Rosa Pich-Aguilera Roca

Glücklich mit 1, 2, 3 … Kindern

Rosa Pich-Aguilera Roca

Glücklich mit 1, 2, 3 … Kindern

fe

Erstmals erschienen in Spanien:

¿Cómo ser feliz con 1, 2, 3 ... hijos?

1. Auflage 2024

www.fe-medien.de

Satz und Layout: Renate Geisler
Druck: orthdruk, Białystok, Polen

ISBN: 978-3-86357-434-5

Inhaltsverzeichnis

Ich widme dieses Buch meiner Tochter Carmineta, die in der Blüte ihres Lebens mit nur 22 Jahren nahezu ohne Vorwarnung in den Himmel heimgegangen ist. Als unermüdliche Kämpferin bis zum Schluss bewies sie angesichts ihrer Krankheit großen Mut. Sie starb zufrieden und voller Hoffnung.

Und ich widme es, wieso nicht, meinem Mann, meinem treuen Freund und Gatten, der immer an meiner Seite ist und mich jeden Tag weiter fordert und liebt. Ein echter Nonkonformist und ein guter Freund seiner Freunde.

Ich danke meinem Sohn Perico für seine Hilfe beim Korrekturlesen dieses Buches. Er erledigte seine Aufgabe, wann immer er in den Sommerferien konnte, zwischen Tennis- und Fußballspiel. Und er leistete sie unter großem Verzicht, denn es gab immer etwas Interessanteres, als Mamas Buch zu lesen ...

Und schließlich meinen Freunden, die mir beim Korrekturlesen helfen wollten und irgendwann im Sommer das Buch, das sie in Händen hielten, zu lesen aufgehört haben.

Einführung

2008 nahm die englische BBC Kontakt mit uns auf, um uns für die Sendung *The Biggest Family of the World* aufzunehmen. Nach der Ausstrahlung erhielten wir alle möglichen weiteren Interviewanfragen, vom Fernsehen oder von Print- und Digitalmedien, von Wochenzeitungen und vom Radio ... Doch da wir unseren Alltag nicht allzu sehr verkomplizieren wollten, entschieden wir uns dazu, lediglich zwei Interviews pro Jahr zu gewähren.

Jahre später wurde die Mutter eines Klassenkameraden aus der Schule meines Sohnes Pepe darauf aufmerksam, dass ich 18 Kinder hatte. Sie bat mich um ein Interview für die Online-Ausgabe ihrer Zeitung ... Ich akzeptierte, doch diesmal nicht aus demselben Grund wie bei vorherigen Gelegenheiten; ich wollte helfen. Meine Freundin hatte gerade ihre Elternzeit hinter sich und ich weiß, wie es sich anfühlt, wenn man wieder arbeiten geht. Das Interview erschien im Online-Teil von *La Vanguardia*, einer in Katalonien einflussreichen Tageszeitung. Das Gespräch fand zu Beginn der Ferien statt, zur Zeit der Wirtschaftskrise, und daher sprachen wir über die verschiedenen Aktivitäten, die man im Sommer mit Kindern unternehmen kann. Es war wohl ein Erfolg, zumindest gemessen an den über 35.000 Klicks, die noch am selben Tag auf den Text zugriffen.

Ebenso überraschte mich sehr, dass TV1 uns kurz darauf aufzeichnete, um uns in die Sonntagabendnachrichten zu bringen. Schließlich ist dies die Hauptsendezeit mit der größten Zuschauerzahl. Vom Wochenende müde sitzen wir also vor dem Fernseher, um uns zu erholen und über die wichtigsten Nachrichten der letzten Stunden informieren zu lassen. Eine Familie mit so vielen Kindern beeindruckt heutzutage doch sehr. Die Einspielung dauerte nur drei Minuten. Es ging darum, wie der Alltag einer so großen Familie wie der unseren aussieht. Da wir viele Freunde in ganz Spanien haben, begann uns noch in derselben Nacht eine ununterbrochene Flut von *WhatsApp* und Anrufen zu überrollen, weil uns unsere Freunde sagen wollten, sie hätten uns im Fernsehen gesehen und wie toll wir alle ausgesehen hätten. Dass der Bericht „wirklich cool" war und sie ganz aufgeregt wären, und „wie die Kinder doch gewachsen sind" ...

Der 19. März ist ein hoher Feiertag in Spanien – der Tag des heiligen Josef, Schutzpatron der Arbeiter. Während der Wirtschaftskrise, in der wir steckten, hatten die Leser Nachrichten nötig, die sie ermutigen und ihren Optimismus stärken konnten. Daher fragte man uns, ob wir im Magazin von *El Mundo* vorgestellt werden dürften *und* veröffentlichte dort ein großes doppelseitiges Vierfarbfoto der ganzen Familie, was die Gesellschaft, in der wir leben, einmal mehr überraschte. Im Interview ging es dann darum, wie wir einen so großen Haushalt managen. An diesem Tag feierten zudem einige in der Familie ihren Namenstag. Mein Mann heißt „Chema" – José María – und zwei unserer Kinder, die Zwillinge, heißen José María und María José, alias *die Pepes* mit Kosenamen.

Mein Mann und ich hatten immer gehofft, eine große Familie zu bekommen. Wir haben jung geheiratet, er war 28 und ich 23. Wir stammen beide aus großen Familien, er hat vierzehn Geschwister und ich sechzehn. Ein Jahr nach unserer Hochzeit hatten wir die Freude, unsere erste Tochter zu bekommen. Doch wenige Stunden nach ihrer Geburt musste man sie uns wegnehmen, um sie in ein Krankenhaus mit größeren technischen Möglichkeiten zu verlegen, weil sie mit einem sehr schweren Herzleiden zur Welt gekommen war. In diesen ersten Tagen machten uns die Ärzte klar, dass Carmineta nicht mehr als drei Jahre zu leben hätte. Doch Gott sei Dank – mit Operationen und einem Herzschrittmacher – wurde sie 22 Jahre alt. Unser zweites Kind, Javi, starb im Alter von anderthalb Jahren, ebenfalls mit einem Herzproblem. Und unsere dritte Tochter, Montsita, starb mit zehn Tagen, sie hatte keine Aorta. In weniger als vier Monaten mussten wir zwei unserer Kinder begraben und es blieb die Ungewissheit, ob die Älteste überleben würde. Es waren harte Zeiten.

Die Ärzte rieten uns ab, weitere Kinder zu bekommen. Da bislang alle krank zur Welt gekommen seien, würden auch alle weiteren mit Problemen geboren. „Keine Kinder mehr" hieß die eindeutige, unmissverständliche Botschaft. Doch gelegentlich liegt die Wissenschaft mit ihren Prognosen falsch, und wir blieben dabei, unsere Pläne von einer großen Familie weiter zu verfolgen. Niemand anderes hat im Bett eines Ehepaares etwas verloren. Die Entscheidung von Vater und Mutter, neues Leben zu zeugen, ist die Entscheidung dieser Beiden; wir allein entscheiden in dieser Angelegenheit. Nicht die Schwiegermama, nicht die eigene Mutter noch eine Freundin noch die Oma noch die Schwester, auch nicht der Nachbar oder der Staat, und schon gar nicht der amtierende Minister können die Entscheidung über die Zukunft Deiner Familie treffen. Auch sehr gute und kluge Menschen, die uns sehr mochten und aufrichtig liebten, rieten uns, keine weiteren

Nachkommen mehr zu bekommen. Uns jedoch war absolut klar, dass uns die Entscheidung niemand abnehmen konnte. Wir waren noch recht jung und die Zukunft gehörte uns.

Heute haben wir 15 lebende Kinder.

Kürzlich wurden wir nach Dubrovnik zu einem Familienseminar eingeladen. Dort wurde ich ermuntert, ein Buch mit all meinen Erlebnissen zu schreiben. Meine gute Freundin Zeljka meinte: „Du kannst nicht die ganze Welt bereisen und deine Erfahrungen mitteilen. Du solltest das alles niederschreiben, dann kannst du viel mehr Menschen erreichen".

Dieser Ratschlag war es meiner Ansicht nach, der die Zeit reif gemacht hat, das Buch zu schreiben. Ich bin jetzt 47 Jahre alt, seit 24 Jahren verheiratet und habe 18 Kinder geboren. Wir sind möglicherweise die Familie mit den meisten Schulkindern in Spanien und befinden uns mitten in einer enormen Krise ... Nicht wenige möchten aus erster Hand erfahren, wie wir überleben. Uns stellt man immer wieder dieselbe Frage: „Wie macht ihr das?" Ich habe mich also an die Arbeit gemacht und schrieb in einem Monat – es war Juli – dieses Buch, das Sie jetzt in Händen halten.

1. Gemeinsamer Tisch

Das Abendessen ist bei uns der wichtigste Treffpunkt des Tages, die Gelegenheit, wo jedes Familienmitglied seine Erlebnisse und seine persönlichen Geschichten in einer wohlwollenden und anregenden Atmosphäre erzählen kann. Jede Familie muss selbst herausfinden, welche ihre Hauptmahlzeit ist. Es gibt Eltern, die spät abends nach Hause kommen und deswegen das Frühstück zur täglichen Familienbegegnung nutzen. In den Ferien wird es wohl das Mittagessen sein und in der Schulzeit, wenn die Kinder tagsüber in der Schule sind, kann das Abendessen die beste Zeit sein. Unsere Mahlzeiten sind einfach, aber appetitlich angerichtet und mit viel Liebe zubereitet. Ich gebe dem Tisch gerne eine persönliche Note und lege beispielsweise ein paar grüne Blätter auf, die ich auf dem Nachhauseweg von der Arbeit aufgesammelt habe. Die Schüssel oder Teller, auf denen wir das Essen vorlegen, sind groß, mit genügend Platz darauf. Und wir bemühen uns, sie geschmackvoll herzurichten, so dass man merken kann, dass man sich hierfür Zeit genommen hat. In Großfamilien ist die tägliche Mahlzeit meist einfach, da uns Eltern, die wir außer Haus arbeiten, das Leben nicht mehr erlaubt. Doch die Dekoration vermag das Ganze mit einer wohltuenden Note zu versehen, um die Familienzusammenkunft schöner zu machen.

Während des Essens ist der Augenblick, wo alle ihre Tageserlebnisse erzählen können: Da haben doch meine Lehrer ..., da waren meine Freunde ..., da habe ich auf der Straße gesehen ..., da ist mir die und der begegnet ..., schau mal, was mir zugestoßen ist ..., rate mal, was in Mathe passiert ist ... Papa erzählt etwas von seiner Arbeit und Mama ihr jüngstes Abenteuer.

Wichtig scheint mir, auch irgendein aktuelles Thema unterzumischen, um die Kinder zu erziehen und ihnen Urteilskriterien an die Hand zu geben. Auch um zu wissen, was die Kinder denken, um ihnen beizubringen, ob etwas richtig oder falsch ist, oder um ihnen Lösungswege für ein Problem aufzuzeigen. Darüber hinaus werden die Mahlzeiten interessanter, wenn man die wichtigsten Tagesthemen diskutiert, die gerade aktuell sind.

Kürzlich wurde unsere Tochter Cuqui achtzehn und wir feierten daheim. Am nächsten Tag sprachen wir beim Essen in der Familie darüber, wie die Leute angezogen waren und wie sie sich benommen hatten. Auf diese Weise suchten wir, das Urteilsvermögen der Kinder zu schulen. Wir lenkten den Blick darauf, wer sich die Mühe gemacht hatte, die Tabletts herumzureichen, wer Getränke serviert hatte, wer jemanden, der allein in der Ecke saß, zum Tanzen aufgefordert hatte und wer sich verabschiedet und sich bedankt hatte ...

In unserer Familie lachen wir viel, wenn wir zusammen sind, weil jeder sein lustigstes Erlebnis vom Tage berichtet. Ich erinnere mich an einen Tag, als Pepa, die vor dem Abendessen noch nicht geduscht hatte, mich anflehte, nicht mit dem Erzählen anzufangen, weil sie sonst die ganze lebendige Unterhaltung verpassen würde.

Es ist ein Moment, in dem wir uns selbst vergessen und an die anderen denken, nicht bloß an unsere Mägen. Dabei möchte ich doch klarstellen, dass wir bei uns alle Vielfraße sind und gerne und viel essen. Besonders der fünfjährige Tomás begrüßt das Essen normalerweise mit den Worten: „Danke für diese Mahlzeit: zuerst Makkaroni, dann Steaks und am Ende Mandarinen zum Nachtisch. Aber was gibt es heute zum Abendessen?“

Bei uns daheim verfolgen wir beim Essen das Motto: Reiche das Essen dem neben dir an. Wenn jemand mehr Wasser oder noch Brot möchte, wenn ihm die Serviette fehlt oder wenn er einen Nachschlag will ... Wir wollen an den anderen denken und das am besten panierte Fleisch dem Nachbarn überlassen und für uns das wählen, was am verbranntesten ist. Auf diese Weise bringen wir den Kindern bei, an andere zu denken.

Das Fernsehen ist zu diesem wichtigen Familientreffen nicht eingeladen. Wir lassen es gut verschlossen im Wohnzimmer, damit es unsere lustigen und geschäftigen Gespräche nicht unterbricht.

2. Runder Tisch

Schon bei meinen Eltern zuhause aßen wir an einem runden Tisch, der zwei Meter Durchmesser hatte. Mein Vater hatte ihn bei einem Tischler in der Nachbarschaft anfertigen lassen. Um das Möbel herum standen fünf Bänke, auf denen drei Kinder bequem und vier nur sehr eng Platz hatten. So lernten wir notgedrungen, mit anliegenden Armen zu essen, weil es rein physisch gar nicht anders möglich war.

Als nach unserer Heirat unsere Familie langsam größer wurde, hielten auch wir es für eine glänzende Idee, für die Familienmahlzeiten einen runden Tisch zu haben. Also ließen wir einen anfertigen. In der Mitte auf Tischhöhe befindet sich ein Drehrad, das das Verteilen der Speisen erleichtert. Wir können so das Essen in der Mitte abstellen, und jeder nimmt sich, was er möchte, indem er den Drehmechanismus betätigt. Um von allem essen zu lernen, bemühen wir uns, dass sich jeder ein bisschen von dem, was er nicht mag, nimmt. Freitags aßen die Kinder zu Abend bei Avi (so hieß bei uns der Großvater), und mein Vater ließ sie immer ein englisches Sprichwort aufsagen, wenn sich jemand über das Essen beschwerte: *In this house we eat everything, a little bit more a little bit less* (In diesem Haus essen wir von allem, ein bisschen mehr oder ein bisschen weniger).

Der runde Tisch erleichtert auch, dass nur eine Unterhaltung geführt wird. Ich brauche mich nur an unsere Restaurantbesuche zu erinnern, für gewöhnlich einmal im Jahr. Wir hören dann nicht auf, nach Salz, Brot und Öl zu fragen, und unterbrechen damit den immer nur einzigen Gesprächsfaden. Zuhören will gelernt sein. Wir alle sind gespannt, was Magui zugestoßen ist oder welche Abenteuer Pablo in der Schule erlebt hat. Es gibt tausend Geschichten zu erzählen und nur wenig Zeit zum Reden. Diese Augenblicke sind so interessant, dass die Kleinen versuchen, sich heimlich unter die Älteren zu mischen, um der Unterhaltung beiwohnen und den Geschichten lauschen zu können – und sich im Nachhinein zu beschweren, dass natürlich sie wieder einmal nicht dran gekommen sind.

Am runden Tisch können wir Eltern auf einen Blick sehen, wer müde ist, sich Sorgen macht, wütend ist oder sich freut. Allein durch einen Blick in die Augen wissen wir, wie es einem jeden unserer Kinder geht.

Ich muss gestehen, dass wir reichlich lachen, wenn wir alle beisammen sind. Und dass uns von so viel Lachen der Bauch wehtut, wenn nur noch wir Frauen im Esszimmer zurückbleiben.

3. Besserungswünsche und Selbstüberwindung

Daheim bilden wir alle ein Team, wir helfen uns gegenseitig. Wir kennen uns so gut, dass wir alle um unsere Stärken und Schwächen wissen. Wir sind uns also unserer persönlichen SWOT (Strengths, Weaknesses, Opportunities und Threats – Stärken, Schwächen, Chancen und Risiken) bewusst. Darum setzen wir uns einmal im Sommer und einmal im Winter zusammen, um unsere Fortschritte schriftlich festzuhalten, sowohl die persönlichen wie die familiären. Wir machen das gemeinsam: Im Handumdrehen ist ein Blatt Papier vollgeschrieben, das wir dann im Esszimmer aufhängen, um es nicht zu vergessen.

Wir beginnen mit Mamas und Papas Fortschritten. Papa beispielsweise sollte auf Brot verzichten, da er keinen Sport macht und es ihn die Leber spüren lässt – das tut weh. Mama sollte sich bessern, indem sie Papa nicht so viel bevormundet. Mein Mann meint, ich hätte bereits genügend Kinder, denen ich in allem Vorschriften machen könnte. Wenn wir zu Hause Besuch haben, kann der ebenfalls unsere Besserungsliste lesen, weil sie für alle sichtbar ist; die Idee gefällt durchaus. Schlussendlich fühlen sich wohl alle Ehemänner von ihren Frauen gegängelt.

Die neunjährige Pepa soll lernen, mehr zu lächeln. Nicht, weil sie immer verärgert ist, sondern weil sie viel zu ernst dreinschaut ... Und es ist nun einmal angenehmer, mit jemandem zusammenzuleben, der zu lächeln versteht.

Der sechsjährige Tomás hört nie auf zu weinen, und seine Brüder lieben es, ihn schreien zu hören. So lassen sie nicht ab, ihn zu zanken, denn er ärgert sich wahrlich über alles. Also wäre es für alle angenehmer, er würde nur einmal am Tag heulen. Hat er morgens schon geweint, darf er es nachmittags nicht mehr tun.

Die achtzehnjährige Cuqui ist eine *Shopaholic*. Sie verspürt ununterbrochen den ungestümen Drang, einkaufen zu gehen und kommt zurück nach Hause mit vier Tüten unter jedem Arm. Ihr Vorsatz besteht darin zu lernen, wie man shoppt, ohne etwas zu kaufen, und ganz nebenbei, dass sie ihre Kleidung den anderen Schwestern abtritt. Wenn Cuqui von einem Streifzug mit Freundinnen nach Hause kommt, ohne dass an ihrem Arm eine Tasche hängt, nehmen ihre Schwestern sie auf den Arm, klatschen und rufen: „Super, Cuqui, du hast es geschafft! Mal sehen, wie lange es dir gelingt, nichts einzukaufen ...“.

Álvaro ist mit seinen neun Jahre noch sehr schüchtern. Er ist ein guter Sportler. Sprachen wir darüber, versteckte er sich umgehend unter dem Tisch. Nach einem Jahr Übung hielt er sich schon nicht mehr die Hände vors Gesicht. Heute wird er nur noch rot, weil er ungern gelobt wird.

Rafa, der gerade vier geworden ist, ist sich seiner persönlichen Entwicklung sehr bewusst. Heute hatten wir Essensbesuch, was zu unserem Alltag durchaus dazugehört, und wir erzählten, dass wir den Sommer dazu nutzen wollten, uns persönlich weiterzuentwickeln. Die Besucher haben dann beim Essen jedes meiner Kinder gefragt, welchen persönlichen Fortschritt er oder sie sich vorgenommen hätten. Die Älteren antworteten ohne nachzudenken, weil sie sehr genau wissen, was sie sich vorgenommen haben. Doch als der Besuch Rafa – mit einem Mal-sehen-was-der-antwortet – nach seinem Besserungswunsch fragte, antwortete der Junge zu unser aller Überraschung mit einem Bissen im Mund und mit aus den Mundwinkeln tropfendem Pfirsichsaft ganz selbstbewusst: „Meiner ist, um Dinge zu bitten – mit Bitte"; dann grinste er mit gesenktem Kopf vor sich hin. Fordern wir unsere Kinder nicht, schwimmen sie einfach mit dem Zeitenstrom. „Aber wo er doch noch so klein ist!" – „Er begreift das doch gar nicht" – „Wir bringen ihm das schon bei, wenn er etwas größer ist" ... Wahrscheinlich wohl nicht! Die Kleinen haben das gleiche Recht, gefordert zu werden wie die Großen, sicherlich ihrem Alter entsprechend. Rafa möchte nicht ausgeschlossen werden, wenn er sieht, wie viel Wert wir alle darauf legen, uns ein Stück weiterzuentwickeln. Bei ihm kommt noch der Eifer hinzu, wachsen und älter werden zu wollen ...

Die fünfjährige Lolita muss lernen, das Bett richtig zu machen.

Der dreizehnjährige Gaby muss lernen, niemanden, der sich ihr gerade nähert, auf den Nerv zu fallen oder zu stören.

Die vierzehnjährige Rosita soll nicht immer gleich gegen alles aufbegehren. Wobei ich gleich klarstellen will, dass das bei einer Teenagerin ja völlig normal ist.

Und so eins ums andere. Jeder kann bei sich etwas verbessern. Wenn er es schließlich geschafft hat, auf ein Neues. Wir bleiben stets dran und versuchen weiter etwas an uns zu korrigieren. Soldaten können nicht ausruhen oder schlafen, sonst kommt der Feind, ohne dass sie es merken.

4. Das Staunen und die Schönheit der Natur

Heute hatten wir einen unheimlichen Wolkenbruch! Eines dieser typischen Sommergewitter, bei denen man den Eindruck hat, das Haus werde über einem zusammenbrechen. Wir aßen, buchstäblich von einem Wasservorhang umflossen, auf der Veranda. Die Blitze waren so grell, dass es aussah wie bei der Johannes-Kirmes, wenn überall Knallkörper umherfliegen (Mein Mann hat den Kindern übrigens alle feurigen Knaller verboten). Wir konnten kaum den Berg uns gegenüber ausmachen. Der kleine Rafa kuschelte sich, wenn er den Donner hörte oder die Blitze sah, immer mehr und dichter an seinen Vater.

Als es dann zu regnen aufgehört hatte, habe ich den Kindern vorgeschlagen, Schnecken sammeln zu gehen. Ich erinnere mich noch gern, wie ich, als ich klein war, sie mit meinen Brüdern und Vettern suchen ging. Wir streiften also Pullover über, zogen unsere Regenstiefel an und gingen mit mehreren Körben bewaffnet auf Schneckenjagd. Mein Vater liebte

Schnecken, die Mari Pepa in einer würzigen Tomatensoße anrichtete!

Natürlich hörte Tomás nicht auf sich zu beschweren, wieso wir eigentlich jeden Nachmittag einen Ausflug machen und neue Tiere entdecken müssten ..., dass Pepe ihn geschlagen habe ..., dass alles unfair sei und er die Nase voll habe ... Man hat zunehmend den Eindruck, er leidet an einem Beschwerde-Komplex.

Nun aber, wenn Mama sagt, sie geht los, dann geht sie auch los. Sie wartet am Ende auf keinen. Meine Kinder ergriffen also Schuhkartons, wie sie sie gerade finden konnten, dazu einige Plastikeimer und mehrere leere Keksschachteln. Meine Schwester Caty blieb zu Hause. Sie geht mit dem siebten Baby schwanger und hat einige weinerliche Kinder, die sie ziemlich ermüden. So sind also wir anderen alle auf Schneckenjagd gegangen. Zunächst haben wir nicht viele gefunden, aber als wir die Weizenfelder erreichten, hörten die Schreie nicht auf: „Mama, hier ist eine, hier eine andere, schau dir das an, wie groß die ist, das ist eine Meeresschnecke. Warum sind die hier so klein? Sind das die Kinder? Die haben ja unterschiedliche Farben? Die kleinen sind weiß und haben noch eine weiche Schale. Mami, ich habe eine beim Aufheben zerquetscht. Mama, was für eine große und lange Kacke. Sie hören nicht auf Schaum zu verlieren ...

Um die Natur beobachten zu können, muss man innehalten, sich mit dem Kind hinhocken, um sich auf seine Höhe zu begeben, und sehen, was seine Augen sehen, und auf all das achten, was um einen herum passiert. Am fraglichen Tag stellten wir fest, dass die Ähren auf den Feldern am Boden lagen. Wir fragten eine ältere Dame, die gerade mit ihrem Pudel vorbeikam, was passiert sei, und sie erzählte uns: „Es ist schade! Dieses Jahr wurden die Felder stark gedüngt und die Körner in den Ähren waren recht schwer. Nun kam vor einem Monat ein wirklich starker Wind und hat sie umgeworfen, weil die Ähren zu schwer für ihren Stiel waren. So hatten wir etwas Neues dazugelernt.

Auf dem Heimweg sind wir durch einen ans Dorf grenzenden Wald gelaufen. Da es viel geregnet hatte, hatte sich irgendwo ein Felsen gelöst und der schwere Stein war mitten auf die Straße gefallen und hatte ein großes Loch hinterlassen. Auch ein Baum war umgestürzt, der nicht fest im Boden verwachsen war und dessen Wurzeln voller Ameisenhaufen und Spinnweben war. Es roch nach feuchter Kiefer, nasser Erde und frisch gemähtem Weizen. Ab und zu hielten wir an, um dem unterschiedlichen Gezwitscher der Vögel, die uns durch den Wald begleiteten, zu lauschen. Wir stolperten über die Reste einer Ananas, die ziemlich angeknabbert und abgeschabt war. Alle zusammen befanden wir, dass da irgendwo ein Eichhörnchennest sein müsse.

Zuhause angekommen, haben wir – wie konnte es anders sein – im Garten ein Schneckenrennen veranstaltet! Tomás platzierte die Tiere mit seinem Cousin Totó im Inneren eines Piratenschiffs, wobei die größte an den Mast kam, um das Schiff zu bewachen. Anita beschloss mit Pepa und Miriam, die Schnecken in ein Puppenhaus zu bringen und sie mit Maulbeerblättern zu füttern. Die Mädchen blieben eine Weile dort und sahen zu, wie die Schnecken durch die Fenster entkamen. Die Jungs bauten einen Rundkurs und alle gingen mit ihrer größten Schnecke an den Start, um zu sehen, welche gewinnen würde. Es war ein einziges Geschrei, weil alle ihre gerade ausgesuchte Schnecke anfeuerten. Es wurde richtig spät, so dass Taschenlampen herbeigeschafft werden mussten.

Was die Unterbringung der Schnecken anlangt, so war die gar nicht so einfach. Denn Tiere sind bei uns daheim nicht vorgesehen! Die Kinder haben dann einige Löcher in Kisten gebohrt, damit die Schnecken Luft bekamen, aber nicht entkommen konnten. Geplant war, am nächsten Tag die Rennen fortzusetzen.

Wenn ein Kind gelernt hat, innezuhalten und zu beobachten, was um es herum passiert, wenn es einen Nachmittag damit verbracht hat, einer Schnecke zuzusehen, wie die ausscheidet und Schaum absondert, wie sie zu entkommen sucht oder vier Fühler ausstreckt, wie sie krabbelt und wo sie sich in ihrem Haus versteckt ... dann dürfte dieses Kind auch gelernt haben, künftig innezuhalten, um über eine bestimmte Sache oder ein Problem nachzudenken, dürfte die Fakten rund um das Problem, die eine Konstellation verschlimmern oder behindern, leichter erfassen können. Es wird wohl auch leichter erfassen, wo sich mögliche Lösungsalternativen finden lassen. Ein Mensch, dem man als Kind sein Umfeld beobachten, nachdenken und alles Mögliche wertschätzen zu lehren versucht hat ... wird voraussichtlich nicht impulsiv agieren, sondern nach und nach lernen, zu überlegen und Folgen abzuwägen, bevor es handelt. Manche Probleme in großen Unternehmen bleiben ungelöst, weil niemand die richtigen Fragen zu stellen oder nicht adäquat nachzufassen versteht; möglicherweise, weil man nicht daran gewöhnt ist, richtig hinzusehen, damit die Lösung ans Licht kommen kann. Dabei sind es die kleinen Dinge, die ein Problem, das klein auftritt, zu einem uferlosen machen.

5. Aufgaben

Zu Beginn des Schuljahres finden wir uns zu einer Familienrunde ein, um, da wir eine demokratische Familie sind, gemeinsam über die anstehenden Aufgaben zu entscheiden und sie zu verteilen. Der Älteste greift zu Bleistift und Papier und schreibt die Namen aller auf, einschließlich denen von Papa und Mama, und zu jedem Namen wird ein Auftrag vermerkt, den sich jeder ausgesucht hat.

Die Erfahrenen sagen direkt: „Ich möchte dies oder jenes tun" oder: „Das habe ich schon letztes Jahr gemacht." Nicht alle Aufgaben sind gleich beliebt, doch alle wissen, dass jeder zu Hause helfen kann, wenn er dazu sein Päckchen von täglich etwa fünf Minuten eigener Zeit beisteuert. Das Zuhause gehört allen und alle zusammen kümmern wir uns darum; nicht nur Mama und Papa.

Bei uns zu Hause funktioniert vieles paarweise: Ein älteres kümmert sich um ein jüngeres Geschwisterkind. Das fing an, als Lolita lange im Krankenhaus behandelt wurde. Erfunden hat es Tochter Tere mit ihren damals 12 Jahren: „Jeder Topf findet seinen Deckel". Als Mama und Papa nicht da sein konnten, kümmerte sich jeweils eines der älteren um ein Geschwisterkind. Brauchte jemand etwas oder war Hilfe angesagt, sucht das Kleine nicht Mama oder Papa, sondern seinen Gegenpart. Findet also etwa einer seine Schuhe nicht oder braucht Hilfe in Mathe oder ist einer nicht gekämmt oder die Zähne sind noch nicht geputzt ...

Im konkreten Fall „Brotkaufen" wechselt der Auftrag monatlich, weil man 30 Minuten früher aufstehen muss, um es holen zu gehen. Angies Chef hat eine Bäckerei, die von unserer Wohnung etwas weiter entfernt liegt, doch konnten wir dort einen Sonderpreis aushandeln. Der Chef verkauft uns das Baguette 25 Cent billiger, was bei zwölf Broten am Tag ein nennenswerter Rabatt ist. Wir sind VIP-Kunden. Zuvor hatte Chema eine Marktstudie durchgeführt, welche Bäckerei beim Gramm-Preis-Verhältnis die beste Rentabilität aufzuweisen hätte.

Tisch decken und Küche aufräumen ist eine Aufgabe, die je nach Wochentag variiert: Montag ist der Älteste dran, Dienstag der nächste, Mittwoch wer dann kommt ... und so fort. Die Reihenfolge bleibt immer gleich und alle können sich das gut merken, ohne auf die Aufgabenliste blicken zu müssen, die an der Küchenwand hängt. Es ist auch schon passiert, dass die Liste verschwunden ist, weil einem die zugewiesene Aufgabe nicht gefallen hat. Verschwindet die Liste und ist keine „Sicherungskopie" vorhanden, muss sie neu aufgestellt werden ...

Andere Aufgaben sind saisonbedingt, wie das Aufräumen bei den Fahrrädern, das Aufhängen der Badetücher, Gartenarbeiten und anderes.

Lichter ausschalten kann für Dreijährige eine passende Aufgabe sein, während Fünfjährige ans Telefon gehen können. So lernen sie früh, die Hausarbeiten als etwas durchaus eigenes zu betrachten. Das Bettenmachen ist ab zwei möglich, wenn man zeigt, wie es geht. Ein Bett sollte einfach zu machen sein, dafür gibt es bereits recht praktische Bettlakensysteme, bei denen die vier Ecken sich der Matratze anpassen; hat die Überdecke einen schlafsackartigen Reißverschluss können sich die Kleinen nachts nicht freistrampeln.

Bei uns müssen die Kinder, wenn sie ihr Zimmer verlassen, angezogen sein. Der Schlafanzug soll gefaltet und das Bett gemacht sein, die Hausschuhe an ihrem Platz stehen. Als recht praktisch hat sich der Wäschesack hinter der Tür erwiesen, da die Kinder ihre schmutzige Wäsche dort einfach hineinwerfen können.

Dieses Jahr haben wir der vierzehnjährigen Rosita eine Aufgabe zusätzlich gegeben: Mama loben und nicht über alles meckern. Sie soll lernen, das Leben positiv zu sehen und sich für das Glück zu bedanken, das sie hat. Sie soll nicht immer alles bekritteln ... Klar, dass ihre aufmüpfige Art mit dem Alter zusammenhängt.

Rafa ist vier und Lolita fünf. Beide helfen im Sommer beim Kleideraufhängen. Wir haben dafür einen Ständer in ihrer Größe gekauft, wo sie sich nun um Unterwäsche und Socken kümmern. Wir fangen mit den kleinen Kleidungsstücken an und üben das Aufklemmen und Loslassen der Wäscheklammern, die sich ja manchmal verhaken und nicht öffnen lassen. Für die Kinder ist es Spiel und Herausforderung zugleich. Am Ende sehen sie, dass sie geschafft haben alles aufzuhängen, und stellen fest, wie gut frisch gewaschene Kleidung riecht. „Mama, was für ein cooler Geruch, es riecht richtig sauber."

Das Töten von Stechmücken ist ebenfalls eine saisonale Sommeraufgabe, wenn wir in die Berge ausfliegen. Lassen wir die Fenster zum Lüften offenstehen, können sich durchaus mehr Insekten als gedacht einfinden. Doch da finden sich immer einige von den Jüngeren, die gerne auf die Jagd gehen. An manchen Tagen erwischen sie bis zu 20 Flugobjekte, die sich in die Küche geflüchtet haben, weil ein Regenguss bevorsteht. An einem anderen Tag widmen sie sich der Spinnenjagd; die staksen aufgrund der feuchten Gegend gerne durch das Haus. Spätestens alle zwei Tage müssen wir den Spinnen nachstellen, denn sie vermehren sich ziemlich schnell. Da wir dreistöckige Etagenbetten haben, liegen die Obenschlafenden ziemlich nahe unter der Zimmerdecke, und sie mögen es eigentlich nicht, wenn ihnen beim Schlafen ein Spinnchen in den offenen Mund fällt. Wir haben auch Tausendfüßler, die sind wie länglich gezogene, superbehaarte Spinnen mit hundert hervorragenden Füßchen. Gott sei Dank ist noch keine Ameisenplage ins Haus eingedrungen.

In den Ferien hilft uns niemand im Haushalt und alle Kinder können einmal kochen, spülen, kehren, die Badezimmer putzen, die Waschmaschinen anstellen, danach die Wäsche aufhängen, bügeln, einkaufen und alles in den Kühlschrank einräumen. Jungen wie Mädchen lernen, alles rund um Haus und Herd zu tun. Ob es nun Bilder aufhängen, Knöpfe annähen, Rohre reinigen oder eine Blumenvase reparieren ist. In den Ferien gelten Ausreden wie „Ich habe keine Zeit" oder „Ich bin wirklich mit meinen Hausaufgaben beschäftigt" nicht ... An der Wand hängt eine Excel-Tabelle, die auflistet, wer was jede Woche zu tun hat, und dabei rotieren alle die verschiedenen Hausarbeiten hindurch. Der Sommer ist eine einmalige Gelegenheit, all diese Dinge zu lernen und gleichzeitig eine tolle Zeit zu haben. Irgendwann werden sie dafür dankbar sein, all diese Dinge gelernt zu haben, und werden sehen, dass es gar nicht so schwer ist, einen Haushalt zu führen.

6. Schulwahl

Eine wichtige Entscheidung für jede Familie ist die Wahl des Kindergartens oder der Krippe. Oft spielt die Nähe zur Wohnung eine Rolle, der Gedanke, wir können die Kleinen sofort abholen, wenn etwas passiert. Später ist es die nahe Grundschule. Oft bleiben die Kinder da, wo sie immer schon waren. Deshalb sollte man diese Entscheidungen gut überlegen. Ich habe Freunde, die regelrecht Marktstudien angestrengt haben, um für ihre Kinder den richtigen Ausbildungsort zu finden. Sie haben eine Tabelle angelegt für jede von ihnen besuchte Schule: Welche Sportanlagen, das Fremdsprachenniveau, die durchschnittlichen Abschlussnoten, die Anzahl der Kinder pro Klasse usw.

Man kann auch nicht ohne Weiteres sagen, die Kinder sollen auf dieselbe Schule gehen wie ihre Eltern oder Großeltern, denn Schulen wandeln sich im Lauf der Zeit. Ein Tipp mit solider Trefferquote scheint mir der zu sein: Man schaue sich bei der in Betracht gezogenen Schule einmal die Jungen und Mädchen zwischen 14 und 16 Jahren an. Das kann helfen, sich ein eigenes, verlässliches Bild zu machen und zu erfassen, welche Art von Schülern dort zur Schule gehen. Solange die Kinder klein sind, sind alle süß und sehen proper aus; doch in der Pubertät werden sie schließlich zu den Freunden deiner Kinder, dann sind sie es, die den Ton in der Clique angeben. Interessant mag auch sein, ob Eltern an der Fortentwicklung der Schule mitwirken können, denn die Letztverantwortung für die Kindererziehung liegt bei Vater und Mutter. Man kann es nicht vermeiden, die Ausbildung der Kinder einer Einrichtung anzuvertrauen; doch als Eltern sollte uns nicht entgehen, dass Kindererziehung unsere alltägliche Arbeit ist und keine Ferien kennt. Schule unterstützt uns bei dieser Aufgabe, doch müssen Eltern, Familie und Schule in dieselbe Richtung schauen und auf der gleichen Wellenlänge funken.

Eltern sollten sich in der Schule engagieren, sie sollten an den regelmäßigen Zusammenkünften teilnehmen und zu den Sprechstunden gehen. Sie sollten sich, meine ich, sogar ein wenig schulen lassen, um Kindererziehung zu lernen, da keiner mit dem diesbezüglichen Wissen auf die Welt kommt. Wie wir für den Beruf lernen oder einen Universitätsabschluss anstreben, damit wir gut ausgebildet als Fachleute dastehen, sollten wir auch jener Ausbildung ein wenig Zeit einräumen, um als Eltern und Freunde unserer Kinder besser dazustehen. Wir dürften wohl alle eine gewisse Sorge empfinden. Unser Hauptberuf ist halt, ein guter Elternteil zu sein. Falls wir sehen, dass uns etwas an der Schule nicht gefällt, sei es im akademischen oder menschlichen Bereich, sollten wir mit den Lehrern darüber sprechen. Ich bin außerdem dafür, dass man mich darüber informiert, wenn meine Kinder sich daneben benehmen; denn das hilft mir, bei meiner doch recht schwierigen Erziehungsaufgabe. Außerdem ist es mir lieber, dass meine Kinder jetzt Fehler machen, wo ich ihnen noch helfen kann, als dass es morgen passiert, und sich nichts mehr tun lässt. Das Formulieren von kurz- und langfristigen Zielen mittels bestimmter Slogans scheint mir hilfreich, ein Kind zu motivieren.

Mehrere gute Bekannte kommen mir in den Sinn, die echte Vollprofis sind, richtige *Cracks,* Haie in der heutigen Wirtschaftswelt: Vorstände multinationaler Unternehmen, recht einflussreiche Typen in der Finanzwelt meines Landes. Ja wirklich, sie sind beruflich erfolgreich und in unserer Gesellschaft angesehen, sie erscheinen auf den Titelseiten von Zeitschriften und werden sicher in Erinnerung bleiben, weil sie zum wirtschaftlichen Erfolg des Landes beigetragen haben ... Doch wirft man einen Blick auf ihr Privatleben, dann sind manche zum zweiten Mal verheiratet und ihre Kinder hören nicht auf, ihnen Verdruss zu bereiten, einer wie der andere. Nach Jahren endlich, wenn sie ihrer persönlichen Familiensituation schon recht überdrüssig geworden sind, bekennen sie insgeheim: „Ihr habt das doch richtig gemacht. Welche Freude euch die Kinder bereiten. Stimmt, ich habe es beruflich geschafft, habe noch viel mehr erreicht, als ich mir erträumt hatte ... Doch auf dem Weg dorthin habe ich – aus Unwissenheit, nicht aus schlechtem Willen, denn niemand hat mir das beigebracht – mein Familienleben geopfert. Die Frau, mit der ich zusammenlebe, ist nicht die Mutter meiner Kinder, und die Sprösslinge kann ich nirgendwo richtig packen ...".

Ich denke, man soll weiterkämpfen und nicht das Handtuch werfen, ja, man sollte um Hilfe bitten. Es gibt viele solide Fachleute in Familientherapie und sehr gute Bücher auf dem Markt. Wir sollten nicht aufgeben. Unser Leben gehört uns, wir haben es in der Hand. Jeder Neuanfang lohnt sich.

7. Führungskräfte ausbilden

Bei uns daheim ist den Kindern klar, dass sie nicht auf eine x-beliebige Schule gehen. Sie haben das Glück, die (nach unserer Einschätzung) beste Schule in unserer Stadt besuchen zu können. Sie merken sofort, dass ihre Ausbildung bestens ist, wenn sie sich etwa in einer anderen als der gewohnten Umgebung umtun. Daher werden sich weder Papa noch Mama damit zufriedengeben, dass sie in späteren Tagen bloß zum Durchschnitt gehören, sie sollen die Besten sein in dem, was sie tun wollen: ob als Premierminister oder Vorstand eines multinationalen Konzerns oder als Elektriker oder was auch immer ...

Eine Führungskraft ist die, die sich um andere kümmert, sich auf Teambildung versteht und eine Gruppe zusammenschweißen will. Führungskräfte haben innovative Ideen, kommunizieren sie und überzeugen damit die anderen. Eine

Führungspersönlichkeit hat als Kind immer etwas vor, ihr fehlt es an Zeit. Sie ist fröhlich und alle wollen bei ihr mit von der Partie sein, denn bei ihr langweilt sich niemand.

Ein weiteres konkretes Beispiel: War ein Mitschüler nicht im Unterricht, ist es nicht verkehrt, ihn zu Hause anzurufen und nachzufragen, warum er nicht kommen konnte und wie es ihm geht. Ideal ist sogar, ihm die Hausaufgaben, die der Lehrer aufgegeben hat, zu Hause vorbeizubringen.

Einmal konnte einer der zehnjährigen Klassenkameraden von Álvaro einen Monat lang nicht in die Schule gehen, weil er sich beim Fußballspielen das Knie gebrochen hatte. Álvaro brachte ihm jeden Tag die Aufgaben nach Hause. Ich erfuhr erst davon, als mein Sohn mir eines schönen Tages eine Schachtel dieser köstlichen Pralinen präsentierte (die wir alle so sehr mögen, uns aber nur an Dreikönige leisten). Ich fragte ihn, wo die herkämen, und war total überrascht, als er mir erzählte, Pacos Mutter habe die Schachtel zum Dank dafür gekauft, dass er seinem Freund die ganzen Tage die Hausaufgaben vorbeigebracht hatte.

Wir möchten, dass sich unsere Kinder um alle ihre Klassenkameraden kümmern, nicht nur um die, mit denen sie am engsten befreundet sind oder die sie mehr mögen oder zu denen sie sich automatisch hingezogen fühlen. Auch um die Klassenkameraden, die sich alleine in der Ecke des Schulhofs herumdrücken, die pummelig sind und auf den ersten Blick weniger gefällig scheinen ... Ja, auch um die, die weniger gut riechen oder etwas dreckig sind oder deren Nase läuft.

Ein spanisches Sprichwort sagt: „Wer dich gern hat, bringt dich zum Weinen". Nur scheint mir, dass wir von unseren Kindern durchaus viel fordern sollten. Wir müssen sicher auch verstehen, wie man NEIN sagt. Ich befürchte, dass die Kinder das, was sie nicht erweint haben, als sie klein waren, später als Erwachsene erweinen müssen. Wenn sie hinfallen und heulen, sage ich häufig: „Das Leben ist echt hart." Das sagen sie auch zueinander.

Kinder probieren uns ständig aus und wollen, dass wir ihnen Grenzen aufzeigen. Sie wollen, dass das von Papa ausgesprochene Nein ein echtes Nein ist, sie wollen nicht, dass wir unsere Ansichten ändern, weil wir zu Mama heulen gegangen sind. Auch wenn das Kind nachhakt und behauptet, alle seine Freunde dürften etwas bereits, und „warum darf ich das nicht", muss man dabei bleiben und wiederholen: „Nein, nein; ich habe Nein gesagt." Wir sind bei uns halt anders, nicht besser und nicht schlechter. Jedoch haben wir eine eigene Lebensphilosophie und unsere Art der Kindererziehung. Wir können den Kindern dann etwa erklären: „Wenn du ausziehst und heiratest oder unabhängig bist, kannst du tun, was du willst. Dann kannst du die Regeln bei dir zu Hause aufstellen. Doch solange du bei uns wohnst, haben wir, Papa und Mama, das Sagen. Wir können gerne darüber reden, und solltest du uns überzeugen, OK, doch wenn nicht, dann musst du hören".

Manchmal, wenn wir müde sind, neigen wir Mütter dazu, dem Kind lieber Süßigkeiten zuzustecken, damit es still ist. Doch damit tun wir ihm keinen echten Gefallen. Kinder müssen das „Nein, nein, ich habe Nein gesagt" hören. Wegen eines Wutanfalls dürfen wir unsere Ansichten nicht aufgeben.

8. Das Recht auf Wutanfälle

Manchmal meinen Kinder, auf einen Wutanfall *ein Recht* zu haben oder auf einen Heulkrampf, einen Koller, einen Unmut ... In meiner Stadt nennt man das „das Schwein spielen". Mit anderen Worten: Sei wütend auf deine Eltern und höre nicht auf zu flennen und zu brüllen aus welchem Grund auch immer. Etwa wenn ein Kind beim Vorübergehen an einem dieser einzigartigen Süßigkeitenläden mitten auf der Straße einen Aufstand macht. Die Besitzer dekorieren natürlich jede Woche das Schaufenster neu, damit die Süßigkeiten und Pralinen leckerer aussehen. Die Kinder bleiben ehrfürchtig davor stehen und sagen dann: „Mama, kauf mir was." Nein, nein, ich habe Nein gesagt. Wir kaufen das nicht. Je früher sie das einsehen, umso besser. Denn wenn man nicht umziehen will und der Süßwarenladen genausowenig umziehen wird, muss etwas passieren. Hinzu kommt, dass sich der Laden auch noch in Schulnähe befindet und hunderte von kapriziösen Kindern dort Tag für Tag vorbeikommen und dort ein paar Euro lassen. An ihrem

Geburtstag kaufen wir den Kindern Süßigkeiten und natürlich gerade diese leckeren Lutscher, die die Zunge rot einfärben und nach denen man im Spiegel so lustig ausschaut ... Manche meiner Bekannten können mit ihren Kindern nicht mehr ausgehen, weil das Kleine, sobald es den Bürgersteig betritt, ein Spektakel aufzuführen beginnt, um alle Aufmerksamkeit auf sich zu ziehen. Oft sind Mütter besonders betroffen, die endlose Stunden außer Haus arbeiten müssen. Es ist dann das Mittel, mit dem das Kind um ihre Aufmerksamkeit heischt und sich ins Rampenlicht stellen will.

Es ist keineswegs so, dass wir es uns in unserer Familie nicht leisten könnten, jeden Tag einen Lutscher zu kaufen; aber mir scheint das unvernünftig. Zum einen, weil ich mir keine launenhaften Kinder heranziehen will, und dann, um nicht noch häufiger zum Zahnarzt gehen zu müssen. Bitten unsere Kinder um Süßigkeiten, heißt das gewissermaßen: „Ich will sie jetzt, ich will, dass du sie mir jetzt kaufst, wir wollen nicht bis morgen warten!" Doch wir alle wissen doch, dass man im realen Leben die Dinge nicht sofort bekommt. Man muss zuwarten können und geduldig sein lernen. Es gibt da eine Reihenfolge zu beachten.

Es gibt aber noch einen weiteren Grund. Unser Zahnarzt Miguel, ein guter Freund der Familie, hat uns Süßigkeiten strikt untersagt. Tauchen wir Postigos auf, um die Zähne richten und alle Karies beseitigen zu lassen, belegen wir seine Praxis komplett. Unsere Zähne müssen von schlechter Qualität sein, denn es vergeht kein Monat, in dem wir nicht zu ihm hin müssen. Er hat uns Zahnbürsten geschenkt, gezeigt, wie man richtig Zahnhygiene durchführt, er ist super nett zu uns allen und wirklich liebenswürdig. Bleibt noch hinzuzufügen, dass seine Frau Elena eine Eis- und Kuchenfabrik hat. Immer wenn bei uns gerade ein Baby ankam, schenkte sie uns einen Haufen Milchbrötchen und Pralinen, wie man sie normalerweise nicht ständig bei uns finden kann. Dieses Paar liegt uns also sehr am Herzen, und wir freuen uns immer, wenn sie zum Abendessen oder zu Besuch kommen.

Manchmal ist nicht das Kind für seinen Wutanfall verantwortlich; möglicherweise haben wir Eltern seine Schlafgewohnheiten nicht im Blick gehabt, und das Kind ist weiter müde. Haben wir zudem noch den Essensplan geändert, ist sowieso den ganzen Tag mit Krawall zu rechnen, denn der Magen eines Kleinkindes funktioniert wie eine Uhr. Vielleicht hören Kinder auch wegen der Ohrenschmerzen nicht auf zu weinen, denn diese sind ganz besonders lästig. Man muss so etwas ganz rasch erfassen, um die entsprechenden Medikamente zu verabreichen, damit das Kind nicht verzagt.

Kinder wollen Grenzen gesetzt bekommen, Regeln. Selbst wenn sie nicht ungeduldig um etwas bitten, müssen wir Nein sagen können. In Prüfungszeiten etwa lassen wir sie nicht mit ihren Freunden ins Kino gehen. Gerade wenn die ganze Klasse zu dieser großartig zu sein versprechenden, auf allen Werbetafeln der Stadt als eine der erfolgreichsten Produktionen der Filmgeschichte beworbenen Filmpremiere ausrückt ... versucht es das Kind natürlich weiter. Zuerst wird Papa gefragt und hat der Nein gesagt, geht es zu Mama, um zu sehen, ob die umkippt ... Danach hat das Kind angesichts seiner mangelnden Überzeugungskraft und des Neins beider Eltern das *Recht* auf einen Wutanfall. Das Kind hat jetzt schlechte

Laune, schließt sich in sein Zimmer ein, die Geschwister regen sich auf, weil sie das Zimmer zu viert teilen, es gibt einiges Getöse („Nie lasst ihr mich was machen!"), es heißt sogar: „Sprecht bloß nie mehr mit mir!" ... Nur ruhig bleiben, das geht vorbei, man muss dem Kind Zeit lassen, ein wenig zur Besinnung zu kommen und zu überlegen. Wer wütend ist, hatte eine doppelte Aufgabe zu bewältigen: zuerst sich in seine Wut hineinsteigern und dann über sie hinwegkommen. Ist alles vorüber, lohnt es sich, mit dem Kind allein zu sprechen und es zum Nachdenken anzuregen, indem man erklärt, dass die Eltern nur sein echtes Wohl im Auge haben.

Auch wir Erwachsenen verzetteln uns hin und wieder in einen ganz persönlichen Wutanfall. Wenn wir uns beispielsweise aufregen, weil wir denken, unser Partner behandelt uns nicht liebevoll genug. Wir möchten uns dann vielleicht sogar in ein Zimmer zum Weinen einschließen, zumal wenn ein letzter Strohhalm das Fass zum Überlaufen gebracht hat. Gerade wir Frauen können es gar nicht ausstehen, vor anderen wehleidig zu erscheinen oder zu weinen. Dann beginnen wir also einsilbig zu werden, manche verstummen sogar ganz und sagen kaum mehr etwas: „Ja, Nein, Wie du meinst, ja gut, wie du willst, ok ...". Ein gutes Hilfsmittel scheint hier in jeder Ehe und für alle Familien ein gewisser Sinn für Humor. Über die eigenen Fehler und Manien, aber auch über die der anderen einfach lachen zu können. Sich entschuldigen und den Kopf senken, selbst wenn womöglich immer nur derselbe nachgibt ... das spielt keine Rolle. Man muss das Neuanfangen erlernen, um wieder glücklich zu sein. Es macht keinen Sinn, sich zum Sklaven des eigenen Stolzes zu machen, gerade weil der uns immer wieder von neuem einen seiner Streiche spielen wird.

9. Arbeit und Studium

In unserer Familie wissen die Kinder, dass ihre größte Verantwortung das Lernen ist und dass wir jeden nach seinen Fähigkeiten fordern. Jedes Kind ist anders, und von dem einen kann man eine 1- als Note verlangen und bei dem anderen ist bereits eine 4+ völlig ausreichend. Vielleicht fällt einem in Großfamilien eher auf, wie unterschiedlich die Kinder sind.

Jedes Kind kommt auf die Welt mit unterschiedlichen Fähigkeiten, den sogenannten multiplen Intelligenzen (Ich meine, die Experten sprechen derzeit von neun verschiedenen Intelligenz-Arten). Früher hieß es, jemand sei dumm, und man musste das Schuljahr wiederholen, wenn man in Mathe oder wenn die Sprachfähigkeit nicht gut war. In unserer Familie hatten anfangs alle Schwierigkeiten beim Sprechen, und einige Kinder sind sogar Legastheniker. Folglich waren die Schulanfänge schon immer schwierig. Nun leben wir darüber hinaus in einer autonomen Gemeinschaft, in der zweisprachig unterrichtet wird, manchmal sogar in drei Sprachen gleichzeitig: Spanisch, Katalanisch und Englisch.

Als Eltern obliegt uns die Verantwortung, die echten Fähigkeiten eines jeden unserer Kinder zu erkennen, was heißen kann: nicht die, die wir uns wünschen ... Wir haben vielleicht einen Künstler oder einen Küchenchef oder einen künftigen Computerexperten daheim sitzen. Es ist sicher richtig, die Kinder, die dazu in der Lage sind, zu ermutigen, weiter zu lernen und am Ende zu studieren. Für manchen mag auch ein einziger Abschluss nicht reichen, so dass die Kinder dann eine Doppelqualifikation erwerben müssen, damit sie ihre Zeit nicht verschwenden. Für die meisten hingegen reicht ein einziger berufsqualifizierender Abschluss.

Wir versuchen, uns einmal im Halbjahr einzeln mit dem Lernbegleiter unserer Kinder zu treffen. Wir vereinbaren also einen Termin und mein Mann und ich verbringen eine halbe Stunde mit dem Tutor im Gespräch über unser Kind. Es ist von Vorteil, mit jemandem reden zu können, der das eigene Kind sehr gut kennt, ohne zur Familie zu gehören; umso mehr, wenn es ein unterrichtender Lehrer ist. Wir schreiben uns normalerweise alles in ein kleines Notizheft, denn bei so vielen Kindern vergessen wir sonst von einem Halbjahr zum nächsten die hilfreichen Anregungen aus dem Gespräch; gleich wie wir uns ebenso leicht nicht mehr dessen entsinnen, was Vater und Mutter daheim tun könnten, während der Tutor das Seine in dieser Zeit in der Schule verfolgt. Zunächst sprechen wir nicht über die Noten, sondern über das Verhalten der Kinder, ebenso im Unterricht wie im Umgang mit den Mitschülern. Kümmert sich das Kind um andere, gehört es einer Clique an. Ist es großzügig und teilt es seine Mitschriften, hilft es einem Freund, der in der Klasse nicht so richtig mitkommt ... Am Ende des Gesprächs interessieren wir uns auch für die Noten, ob sich das Kind angestrengt hat, ob es stimmt, dass der Englischlehrer eine Abneigung gegen es hat, ob es in Mathe wirklich die Bruchrechnung nicht versteht usw.

Eigentlich bereiten wir die Kinder auf ihr morgiges Arbeitsleben vor. Ich arbeite schon, seit ich 14 Jahre alt bin. Als ich noch in der Schule war, waren die Sommer immer recht lang, im Juli halfen wir dann bei meinem Vater im familiären Textilgeschäft. Mit unseren Cousins gingen wir in die Fabrik, wo wir alles machten, was anfiel: LKWs beladen, Papiere archivieren, Kontrollgänge ... Vor Vollendung des 18. Lebensjahrs zu arbeiten ist heute aufgrund der staatlich vorgegebenen Arbeitsgesetze keine Option mehr, aber ich bedauere das, denn mir hat es geholfen, einen Zeitplan einzuhalten, tägliche Ziele zu benennen, mich einzubringen ...

Während der Unizeit haben wir bei uns in der Familie zugleich studiert und Teilzeit gearbeitet, während sich viele unserer Freunde nur um ihr Studium zu kümmern brauchten. Wir haben unsere Eltern nie um Geld gebeten, weil wir wussten, was es heißt, einen Euro zu verdienen. Wir hatten wenig Geld in der Tasche und wenig Zeit, auszugehen und uns zu vergnügen. Aber aus dieser wenigen Zeit, die wir hatten, machten wir das Beste und genossen sie wie keiner sonst. Kam der Sommer, haben wir den ganzen Tag gearbeitet, von 8.15 Uhr bis 17.30 Uhr, und nach der Arbeit galt es noch in einer Sprache besser zu werden, Englisch, Französisch oder Deutsch.

Als ich mit den Zwillingen Pepe und Pepa schwanger war, meine Kinder 11 und 12, konnte ich meine Teilzeitarbeit mit einem PDG-Studium (Programa de Dirección General) in Einklang bringen, um an der IESE Business School der Universität von Navarra einen Master-Abschluss in Managemententwicklung zu machen. Damals warteten auf mich zehn Kinder daheim, ich war berufstätig, hatte einen Mann und kümmerte mich um meinen Studienabschluss, während ich mit Zwillingen schwanger ging. Blicke ich heute zurück, weiß ich nicht, wie ich den Mumm dazu hatte, alles unter einen Hut zu bringen. Eines ist sicher, ich war damals jünger und hatte erstaunlich viel Energie.

Der Mensch ist gemacht, *„ut operaretur"*, das heißt, er wurde geschaffen, um zu arbeiten. Die Bibel sagt auch: „Du wirst dein Brot im Schweiße deines Angesichts verdienen." Der Mensch ist zufrieden, solange er gut arbeitet und mit seinem Arbeiten für andere von Nutzen ist. Einmal abgesehen davon, dass er mit seinem Arbeiten natürlich auch der eigenen Familie den Unterhalt sichert. Bei mir handelt es sich ja um diese etwas größere Familie.

Unsere Kinder wissen jetzt schon, dass sie ab 18 jeden Sommer arbeiten sollen. Angesichts der derzeitigen Krise in Spanien und einer rund fünfzigprozentigen Arbeitslosenquote unter der jungen Bevölkerungsgruppe müssen sie derzeit ein Jahr im Voraus mit der Arbeitssuche beginnen.

Einige kleinere Jobs erledigen die Kinder oft schon im Lauf des Schuljahrs, wie die Fußballmannschaft der Kleinen in der Schule trainieren, Nachhilfeunterricht geben, Kinder nach Hause begleiten, Babysitten ... Es gibt laufend Jobs. Dadurch haben sie Geld, um im Sommer Fahrten mitzumachen oder um mit ihren Freunden auszugehen. Denn Mama und Papa zahlen die Nebenkosten nicht. Meine Teenagertöchter bezahlen auf diese Weise mit den eigenen Ersparnissen beispielsweise ihre Klamotten und ihre Allüren. Bei den Geschwistern ist immer einer dabei, der etwas Geld gespart hat, und einer, der es ausgibt, sobald etwas in das Sparschwein fällt; der also nie etwas gespart hat. Tochter Tere ist die Privatsekretärin von Tante Montse, einer 87-jährigen alleinstehenden Großtante, die froh ist, dass sich Tere um die tausend Besorgungen kümmert, die erledigt werden müssen, und die tausend Dinge, die aufbewahrt sein wollen.

Es leuchtet ein, dass man in diesem Leben das beruflich Besser-werden-Wollen lernen muss, um damit dieser Gesellschaft, in der wir nun einmal leben, von Nutzen sein zu können. Das schafft nicht nur Wohlstand, sondern auch weitere Arbeitsplätze.

Als Eltern müssen wir unseren Kindern etwas abverlangen, damit sie in den von ihnen gewählten Berufen wirklich gut und recht glücklich sind, damit sie an ihrer Arbeit Spaß haben lernen. Sie werden täglich an ihrem Arbeitsplatz viele Stunden verbringen, und nicht zuletzt von ihnen hängt es ab, wie sie das Klima ihre Umgebung prägen. Ich erinnere mich, dass meine Arbeitskollegen nach zehn Jahren zu mir sagten: „Rosa, wir verstehen nicht, wie du so glücklich sein kannst und schon montagmorgens um 8.15 Uhr singend ins Büro kommst ...“.

10. Wie schaffe ich es bis zum Monatsende?

Nun möchte ich hier auch über Familienfinanzen sprechen. Das Thema ist mir vertraut und dazu habe ich in einigen Gesprächsrunden etwas zum Besten gegeben gerade aufgrund der herrschenden Krisenzeit. Bei uns zu Hause bestellen wir nur einmal im Monat im Internet. Frischwaren wie Obst kaufen wir beispielsweise alle zwei Wochen in einem Geschäft gleich nebenan. Manche Unternehmen stellen darüber Untersuchungen an, wo ein bestimmtes Produkt im Preisvergleich billiger ist, dazu brauche ich hier nichts weiter zu sagen. Darüber hinaus habe ich eine Freundin, Rosa, die eine Supermarktkette managt und mich gewarnt hat, mich zu dieser Thematik zu äußern; sonst stehe die Freundschaft auf dem Spiel, und ich möchte meine Freunde nun einmal nicht verlieren ... Doch wir alle wissen, dass sich beim Befüllen des Einkaufswagens sehr viel sparen lässt, je nachdem, wo man einkaufen geht. Bei mir ist es so, dass ich zwischen 100 und

300 Euro im Monat sparen kann. Als gute Katalanin und Mutter einer großen Familie habe ich meine Nachforschungen hierüber bereits abgeschlossen. Es lohnt sich wirklich.

In der Speisekammer bei uns zu Hause finden sich fast ausschließlich die handelsüblichen Produkte. Zu besonderen Anlässen oder weil manche Gäste eine bestimmte Marke mitbringen, findet man darüber hinaus natürlich auch weniger gängige Esswaren dort. An einem typischen Tag zu Monatsbeginn verfügen wir daheim über rund 1.300 Backwaren, 240 Liter Milch, 100 Eier, 96 Rollen Toilettenpapier, 25 Kilo Kartoffeln ...

Erfrischungsgetränke, Säfte und Schokolade gelten als Feiertagsprodukte. Die Kinder und ich trinken regelmäßig Leitungswasser, das im Winter kalt und im Sommer recht warm ist. Es ist unmöglich, frisches Wasser für alle in einem einzigen Standardkühlschrank, wie er bei uns zu Hause steht, zu lagern. Ich erinnere mich, als Álvaro mir im Alter von 6 Jahren eines Sommers sagte: „Mama, die Nachbarn nebenan sind reich, die haben frisches Wasser im Kühlschrank. Ich gehe gerne mit meinem Freund zu ihm nach Hause, um etwas zu trinken“. In meiner Familie bin ich so erzogen worden und brauche deshalb jetzt im Sommer kein kaltes Wasser. Ich gestehe aber durchaus, dass kühles Wasser, wenn man es mir anbietet, viel erfrischender ist.

Ich bewege mich mit einem Renault Twingo durch Barcelona. Es ist ein kleines Auto, das ausreicht, um in der Stadt zurechtzukommen. Ich weiß durchaus, dass es kein High-End-Auto ist, dass es keinen Allrad-Antrieb hat und auch nicht schick aussieht ... Gott sei Dank würden es unsere Finanzen durchaus erlauben, ein besseres Auto zu kaufen, doch ich bin zufrieden mit meinem Twingo. Auch mein zwanzigjähriger Sohn Perico ist stolz auf den Wagen. Er hat begriffen, dass viele seiner Freunde anscheinend nur deswegen ein teures Auto brauchen, um gut dazustehen und Mädchen anzumachen. Doch Perico sieht glücklicherweise über das Materielle hinaus und ebenso über das, was man so sagt. Autos sind zur Fortbewegung da und nicht, um der Konsumgesellschaft den sozialen Status vorzuführen. Menschen sind wertvoll, weil sie existieren, und nicht, weil sie etwas besitzen. Ich befürchte, dass das manchem ab und an wie ein Schlag ins Gesicht vorkommen mag, wenn dessen Träume gänzlich nur um das nächste zu kaufende Auto kreisen.

Meine Kinder sagen, sie seien die glücklichsten Menschen auf Erden, denn wenn sie zu einer Geburtstagsfeier gehen, kommt ihnen alles großartig vor. Da wir daheim so wenig Süßes haben, genießen sie das viel mehr als alle anderen. Kommen sie von einer Feier heim, erzählen sie als Allererstes, was sie gegessen haben und wie alles dekoriert war.

Wie ich bereits andernorts erwähnte, sind meine Kinder keineswegs essfaul. Wenn sie also in der Schulmensa zu Mittag essen, sind sie durchaus in der Lage, von ein und demselben Gericht bis zu viermal Nachschlag zu erbitten. Als Tomás fünf Jahre alt war, sagte er mir: „Mama, komm, schnell“, und er führte mich zur Speisekammer, um mir zu zeigen, dass sie leer war. Das war für ihn ein echtes Problem, denn er isst gerne und wenn nichts in der Speisekammer ist, was lässt sich dann kochen? Ich erklärte ihm, dass wir uns am Monatsende befänden, Mama in Kürze ihr Gehalt bekäme und wir dann wieder online bestellen könnten.

Am Monatsende kann man bei uns den Kühlschrank öffnen und sehen, wie das Licht vom ersten bis zum letzten Fach ungehindert hindurchscheint, weil der Schrank wirklich leer ist. Einmal traf ich unsere Nachbarin Teresa auf der Straße und fragte sie, wohin sie gehe: „Ich hole Butter und süßen Schinken, die sind mir ausgegangen", gab sie zur Antwort. Geht bei uns zu Hause etwas aus, wird es erst im darauffolgenden Monat wieder nachgekauft. Mit einer einzigen Ausnahme. Geht das Toilettenpapier aus, kaufen wir es sofort nach.

Vor ein paar Jahren erklärte ich meinen Kindern, dass diese sehr starke Krise aufgrund der Wirtschaftslage mehrere Jahre anhalten würde. Zu Hause müssten wir Maßnahmen ergreifen. Viele Eltern würden ihre Arbeit verlieren – ich selbst war zwei Jahre arbeitslos – und die meisten würden es recht schwer haben. Wir hörten auf, Nutella zu kaufen – unter allen aufgeteilt, hieß das faktisch sowieso nur eine Scheibe Brot für jeden im Monat – und wir hörten auf, Kakaopulver für in die Milch zu kaufen. Nun, ein paar Monate später frühstückte ich einmal samstags mit der dreizehnjährigen Rosita, die zu mir sagte: „Mama, wenn die Krise vorbei ist, wahrscheinlich 2017, kaufe bitte wieder Kakaopulver, wenn es dir nichts ausmacht, denn ich mag die Milch nicht ohne ...".

Die Krise kann Einfallsreichtum fördern. Beispielsweise werden verständlicherweise Bücher von einem Geschwister zum anderen weitergegeben. Geht das nicht, versucht man sie von dem Freund eines Geschwisterkindes zu leihen. Deshalb muss mir jedes Kind bereits vor Schuljahresende sagen, wen es auf die Bücher ansprechen will; denn wer sich hier nicht beeilt, stellt am Ende fest, dass zu Schuljahresbeginn niemand mehr Bücher hat – dann müssen doch neue gekauft werden.

Dasselbe gilt für die Schuluniform. Über 20 Jahre lang war ich in der Schule Vorsitzende des Alumni-Vorstands. Neben vielen anderen Aktivitäten organisierten wir einen Solidaritätsflohmarkt, um Spenden für Raval zu sammeln, ein Armenviertel am Stadtrand von Barcelona. Eine der erfolgreichsten Hilfsleistungen war der Verkauf von gebrauchten Schuluniformen. Die Leute schenkten uns am Schuljahresende zu klein gewordene Kleidung und wir verkauften sie für je drei Euro weiter. Alle Mütter waren begeistert, denn die Einsparungen waren erheblich. Im Krisenjahr kamen auch einige Großmütter in Sorge um ihre Enkelkinder vorbei und wollten deren Finanzen aufbessern. Gerade sie nun aber verstehen wiederum sehr gut, wie man Kleidung flickt, mit ein wenig Reparatur sehen die Uniformen sogar wieder aus wie neu. Was täten wir junge Eltern nur ohne die Hilfe dieser erfahrenen und hilfsbereiten Großmütter!

Ein grundlegendes Thema ist die Versorgung der Kinder mit wenig Geld. Anders gesagt, die Kinder sollten eigentlich kein Geld in der Tasche haben. Umso weniger, wenn sie es nicht selbst verdient haben. Geld, das leicht ins Portemonnaie hüpft, springt ebenso schnell wieder heraus. Solange sie es nicht verdient haben, wissen Kinder nicht, was Geld verdienen bedeutet. Wenn meine Kinder mit 18 zu arbeiten anfangen und merken, wie kaputt sie abends sind und wie wenig sie an einem Arbeitstag verdient haben, ist ihnen der Geldwert viel bewusster. Von da an denken sie viel mehr darüber nach, wofür sie Geld ausgeben wollen. Schenkt ihnen dagegen die Patin Geld zum Geburtstag, kaufen sie sich sofort den coolen Pullover, den jeder hat. Ich glaube, dass Eltern, die ihre Kinder über viel Geld verfügen lassen, ihnen einen Bärendienst erweisen. Ich denke, dass man sich Geld ab einem gewissen Alter selbst erarbeiten muss; Kinder sollten für ihre Launen mit dem von ihnen selbst verdienten Geld aufkommen. Wenn mich die Kinder um Geld fürs Kino oder einen Imbiss mit ihren Freunden bitten, sage ich immer, dass ich nicht die Bank von Spanien bin. Zu Hause wäre der Imbiss kostenlos, für ihre Extras jedoch müssten sie selbst bezahlen.

11. Wie kommt ihr mit dem Essen klar?

Unlängst bin ich mit meinem Mann an den Strand entflohen, wofür ich schwärme. Chema allerdings mag keinen Sand. Doch der Arzt hat ihm Sonnenbaden angeraten, also bin jedenfalls ich glücklich. Dort traf ich eine Bekannte mit ihrer Freundin, und als wir auf die Kinder zu sprechen kamen und ich erzählte, wie viele ich hätte, war das erste, was sie mich fragte: „Wie kommt ihr mit dem Essen klar?“ Eine solche Frage stellen eigentlich nur Leute, die selbst kochen. Ich antwortete ihr beruhigend, dass man bei Ikea Acht-Liter-Töpfe kaufen kann.

Wir machen uns mit der Küche nicht verrückt. Ich würde sagen, wir essen nach Bauernart: Nudeln, Brathähnchen, Reis mit Spiegelei, Pellkartoffeln, wobei jeder die eigenen Kartoffeln schält, Frankfurter Würstchen ... Bratkartoffeln gibt es normalerweise nicht, denn sie für so viele Leute zu braten ist nahezu unmöglich. Einmal kam meiner Tochter Rosita an einem heiteren Sommertag die Idee, welche zu machen, weil im Sommer mehr Zeit bleibt. Sie brauchte eine Stunde, um die Kartoffeln zu schälen, obwohl ihr der achtjährige Pablo dabei half; dann kamen die geschälten Erdäpfel in die Pfanne ... als wir anderen schon beim abendlichen Dessert waren, war sie immer noch nicht mit dem Kartoffelbraten fertig. Doch meinen Vielfraßen war das gleich. Rosita streute geriebenen Käse über die Bratkartoffeln, auch Salz, Barbecue-Sauce und Mayonnaise ... und obschon wir den Tisch bereits gemeinsam abgeräumt hatten, kam Rositas Tablett mit einer solchen Delikatesse bei allen an; alle machten sich darüber her. Rafa, gerade mal vier Jahre alt, fügte ein „Lecker" hinzu. Wir alle mussten lachen. Sogar ich war versucht und nahm ein paar Mal etwas, ohne auf meine Diät zu achten.

An ihrem Geburtstag lasse ich die Kinder das Essen aussuchen. Das Starlight-Gericht für diese Festtage daheim ist weißer Reis mit Tomate und Spiegelei. Wenn es noch Frankfurter Würstchen dazu gibt, ist der Erfolg fraglos. Die Kinder essen zwei- bis dreimal Reis, sie lieben ihn. An solchen Tagen verläuft unsere Unterhaltung ohne Zank und Streit, alle sind zufrieden. An manchen Tagen meckern die Geschwister, dass ihr Nachbar das Gemüse oder die Zwiebeln aufessen soll, die an den Tellerrand geschoben wurden. Das Glück mit älteren Kinder ist hier, dass sie nichts durchgehen lassen. „Mama, du hast mich nichts wegschieben lassen und mich gezwungen, alles aufzuessen", sagt Magui, „und deshalb wirst du, lieber Pepe, diese grünen Bohnen aufessen und erst vom Tisch aufstehen, wenn Dein Teller leer ist ...". Manchmal sind wir Eltern es müde, da ist es ein Glück, ältere Kinder zu haben, die uns das, was zu tun ist, nicht vergessen lassen.

Es ist gut, Kinder von klein auf daran zu gewöhnen, von allem etwas zu essen, es zumindest zu probieren. Man lässt sie so die vielen verschiedenen Geschmacksrichtungen entdecken, die es gibt. Außerdem müssen sie alles aufessen, gerade wenn sie nur wenig zu essen auf den Teller legen. Wie bei meiner Tochter Lolita, bei der wir nach dem Essen bekanntgeben: „Heute hat Lolita alles aufgegessen und nichts auf ihrem Teller liegen lassen, sie hat einen Applaus verdient.“ Lolita ist die vorletzte und ich muss hier hinzufügen, dass sie mit einem sehr ernsten Herzleiden geboren wurde; sie lag fast zwei Monate lang auf Leben und Tod auf der Intensivstation. Als ich sie nach Hause holte, hatte sie eine Sonde direkt von der Nase in ihren Magen gelegt bekommen, da ihr das Essen schwerfiel, sie aber nicht abnehmen durfte, weil ihr graziler Körper im Falle eines chirurgischen Eingriffs möglicherweise nicht durchgehalten hätte.

Mit einem Wort: Es gibt in Großfamilien gefräßige Kinder und andere, die gar nichts mögen. So hat die über 14-jährige Rosita noch immer Probleme, alles aufzuessen. Ihre Schwestern kommentieren, sie sei geschmäcklerisch; so könne sie sich nirgendwohin einladen lassen. Ihr ist das egal. Sie sieht die anderen aus dem Augenwinkel schräg an, fasst sich an ihre langen blonden Haare und isst weiter nur das, was ihr schmeckt. Dass sie ihre Freunde nicht zum Essen einladen, stört sie nicht, denn sie hat tausend Freunde und ist Klassensprecherin.

Der zehnjährige Álvaro kocht im Sommer auftragsgemäß Hühnchen. Auf Nachfrage erzählt er, wie er das angeht: „Ich nehme das Huhn und halte es unter den Wasserhahn, reibe es gut ab und bestreue es mit Salz und Pfeffer. Dann stecke ich ihm einen Apfel in den Allerwertesten und drücke ihn gut fest, damit er nicht herausfällt. Ich schneide Gemüse und lege es auf das Backblech um das Huhn herum. Ich lasse es eine Stunde im Ofen und das war´s." Die Sommerferien sind eine gute Gelegenheit, um allen das Kochen beizubringen. Bei uns zu Haus hat jeder seine eigene Spezialität. Die Sommermenüs sind normalerweise recht einfach, wie man aus dieser Tabelle ersehen kann:

Montag	**Mittagessen** Makkaroni Sauce	**Abendessen** Pizza
Dienstag	**Mittagessen** Reis Eier	**Abendessen** Sandwich
Mittwoch	**Mittagessen** Kartoffeln Thunfisch	**Abendessen** Frankfurter Würstchen
Donnerstag	**Mittagessen** Spaghetti Hamburger	**Abendessen** Fajitas
Freitag	**Mittagessen** Salat Lende	**Abendessen** Sandwich
Samstag	**Mittagessen** Kartoffelpüree Huhn	**Abendessen** Resteessen
Sonntag	**Mittagessen** Linsen Würstchen	**Abendessen** Hamburger

12. Mutter zuerst, Vater zuerst

Ich verstehe einige meiner Freundinnen nicht, die zu mir, wenn wir uns unterhalten, sagen: „Ich liebe meinen Mann sehr, doch die Kinder liebe ich viel mehr. Sie sind Fleisch von meinem Fleisch. Ich habe sie neun Monate lang in meinem Bauch getragen, ihren Herzschlag gespürt und gesehen, wie sie als Babys reagierten, nur weil sie mich rochen ...". Nun, ich meine, der Papa hat zu diesem ganzen Prozess auch etwas beigetragen, oder? Als wir unser erstes Kind erwarteten, empfahl man uns einen Vorbereitungskurs für die schmerzlose Geburt. Als erstmalige Mama, die allen Arten von Innovationen gegenüber aufgeschlossen war, meldete ich mich dazu während der Schwangerschaft meiner ersten Tochter Carmineta an. Meine Überraschung war groß, als ich feststellte, dass der Raum voller Väter und Mütter war. Ich hatte gedacht, der Kurs wäre nur etwas für schwangere Frauen ... man ließ uns krabbeln, die Väter wie die Mütter. Der Papa sollte mit dem Baby im Bauch sprechen. Eine Frau meinte, ihr

Mann sei viel auf Reisen ... Das wäre kein Problem, es gäbe eine Lösung, den Telefonhörer so zu halten, dass das Baby mithören könnte (Damals gab es noch keine Handys). Eine andere Frau in der gleichen Situation berichtete, sie habe die Stimme ihres Mannes auf Band aufgenommen und spiele sie dem Kind jeden Tag ein wenig vor, damit es die tiefe Stimme seines Vaters hören könne.

Meiner Meinung nach vertun wir uns, wenn unser Ehepartner für uns nicht an der ersten Stelle steht. Für Papa ist Mama das Wichtigste und für Mama ist Papa das Wichtigste ... Sie sind das Wichtigste daheim. Die Kinder wollen das sehen, sie brauchen starke Eltern, die sich trotz aller Höhen und Tiefen im Leben über alles lieben. Kinder müssen den Kuss sehen, den Papa Mama gibt, wenn er nach Hause kommt. Sie wollen hören: „Warte, Kind, zuerst sage ich Mama Hallo und dann rede ich mit dir. Hast du dich gut benommen? Ist Mama glücklich? Wenn Papa Mama ab und zu vor den Kindern kräftig umarmt, ist das toll. Es gibt den Kindern Sicherheit, sie müssen sehen, dass sich ihre Eltern lieben. Deshalb sollte es tagsüber durchaus kleine Liebesbekundungen geben. Wie oft haben wir gehört: „Taten sagen mehr als tausend Worte?“

Zuneigung zeigt sich beispielsweise darin, einen Plan zu machen, den der andere mag, also nicht notwendigerweise man selbst. Der also nur einem selbst Spaß machen würde, aber nicht dem Partner. Kinder merken solche kleinen Details sofort. Sie wissen, dass Papa Filme mag und Mama sich umgehend von der Couch erhebt und weggeht, wenn es auch nur ein klein wenig spannend wird; weil sie die Spannung nun einmal nicht ertragen kann. Beschließen die Eltern also, an diesem Freitag ins Kino zu gehen, wissen die Kinder ganz genau, dass Mama Papa glücklich machen will.

Im Laufe der Zeit passt man sich dem Partner an, wenn sich Zuneigung und Liebe in Taten erweisen. Bevor ich geheiratet habe, habe ich kaum ein Buch ganz durchgelesen, einmal abgesehen von denen, die zur Pflichtlektüre in der Schule gehörten. Da ich aus einer Familie mit 16 Geschwisterkindern komme, gab es immer etwas Interessanteres mit meinen Geschwistern zu unternehmen, als ein Buch zu lesen. Ich bin zudem recht unruhig und nervös, daher hat mich Lesen immer Mühe gekostet. Doch jetzt kann ich sagen, dass ich ein Buch pro Monat lese. Mein Mann ist ein Intellektueller, er liest jeden Tag eine Stunde Zeitung und findet auch jede Woche Zeit, ein Buch zu lesen. Daheim witzeln wir darüber. Wenn einer etwas nicht weiß, fragen wir ihn, bevor wir mit unserem Handy zu Wikipedia Zuflucht nehmen oder im Internet suchen. Er überrascht uns immer wieder, weil er eine lebende Enzyklopädie ist. Nun, mir war klar, wollte ich mit meinem Mann Zeit verbringen, dann würde ich mehr Zeit ins Lesen investieren müssen. Jetzt lese ich sehr gerne. Wir sitzen artig und still nebeneinander, jeder mit seinem Buch. Ich lese freilich keine Wissenschafts- oder Philosophiebücher wie mein Mann, sondern ziehe Romane und Liebesschmöker mit viel Dekor vor. Und nun bin ich selbst dabei, ein Buch zu schreiben.

Man muss Augenblicke finden, um alleine Zeit miteinander zu verbringen. Solange sie klein sind, nehmen uns unsere Kinder mit allen möglichen manuellen Aufgaben in Anspruch, wie Windeln wechseln, Brei geben usf. Wenn sie älter sind, wollen sie, dass wir ihnen zuhören. Sie erzählen uns ihre Unternehmungen, ihre Träume. Mädchen reden gern über Klamotten, wie meine Großmutter sagen würde, also über Kleider, die neueste Mode, darüber, ob sie Plateauschuhe oder große Handtaschen tragen sollen. Deshalb müssen Mama und Papa manchmal das Haus verlassen, um allein zu sein und ungestört reden zu können. Ich habe meine Freundin Paqui immer beneidet, die es schaffte, mit ihrem Mann Baldo einen zwanzigminütigen Spaziergang um den Block zu machen, während sie zugleich für ein Auswahlexamen lernte und mehrere Babys zu Hause hatte. Sie brachten sich gegenseitig auf den neuesten Stand und sprachen darüber, was während des Tages passiert war, über ihre Sorgen und ihre Träume. Ja, es gab tausend Dinge zu tun, aber sie wussten, was für das Funktionieren ihrer Ehe am unverzichtbarsten war. Kommunikation ist in der Ehe fundamental, man muss sich etwas erzählen. Jedoch zur bestmöglichen Zeit und im rechten Ton. Es hilft nicht, Beschwerden im Hinterstübchen zu hüten und eines Tages zu explodieren. Es ist nicht gut, nachtragend zu sein: „Du hast damals zu mir gesagt ...“. Viel besser kommt: „Entschuldige, wenn ich Dich verletzt habe.“ Ja, wir sollten auch über Vergebung sprechen. In den meisten Fällen handelt es sich um Missverständnisse; aber wenn wir einmal versagt haben, müssen wir uns entschuldigen und vergessen können. Kein Horten im Hinterstübchen. Freier und glücklicher ist, wer vergibt und vergisst.

Diejenigen, die immer noch meinen, ihre Kinder seien das Erste, sollten frühzeitig einsehen, dass ihre Kinder heute noch daheim sind, bald aber schon ausfliegen. Sei es an die Universität in einer anderen Stadt oder für einen Master-Abschluss woanders, für einen Job im Ausland oder weil sie heiraten und weit fortziehen. Doch, wirklich, die Kinder gehen fort und allein zurück bleiben Papa und Mama, Auge in Auge, einander zugewandt, Seite an Seite. Wir dürfen uns nicht völlig fremd werden, weil wir immer nur über die Kinder, ihre kleinen Probleme und Sehnsüchte sprechen. Was ist mit uns? Kennen wir die Träume und Wünsche unseres Mannes, seine beruflichen Ziele, seinen Geschmack? Kennt er die meinen? Es ist wichtig, dass wir gemeinsam eine schöne Zeit verbringen, lachen – Lachen ist gesund! – lachen über unsere kleinen Macken. Wie gut tut eine Lachtherapie? Humor! Ja doch, vor vielen Jahren haben wir uns verliebt und beschlossen zu heiraten und eine Familie zu gründen, haben ein gemeinsames Projekt angefangen ... und führen es fort, indem wir gemeinsam alt werden und gespannt darauf sind, unsere Enkelkinder aufwachsen zu sehen.

13. Das Familienvermögen: Wie viele Kinder?

Einem spanischen Sprichwort zufolge kommt jedes Kind mit einem Brot unter dem Arm auf die Welt. Im 21. Jahrhundert meinen viele jedoch irrigerweise, ein Kind sei eine Last, die es verunmögliche, zu tun, was man wolle, die versklave und obendrein noch viel koste. Alles wird darauf reduziert, wieviel ein Kind monatlich verbraucht, das wird dann mit Anzahl der Kinder multipliziert, auf die sich ein Paar verständigt hat. Doch ich denke, lieber Leser, Sie wissen auch, dass das nicht stimmt.

Anfang des Sommers nahm ich an der Silberhochzeitsfeier unserer Freunde teil. Sie, meine gute Freundin Beatriz, arbeitet als *Personal Shopper* und er ist Filmproduzent. Gefeiert wurde in einem Schloss in Girona und alles machte den Eindruck, als befänden wir uns in Hollywood. Tatsächlich kamen auch einige Gäste aus Los Angeles. Man stelle sich nun vor, was man will, es war noch bombastischer ... bis in die kleinste Kleinigkeit, die Dekorelemente, die von den Bäumen herabtropften, der weiße Tüll zur Umhüllung der Baumstämme, die frischen Blumen in rosa und lila Tönen, das Musikquartett zum Willkomm, berühmte Stars, die während des Abendessens sangen und der Parkservice, der die Fahrer einwies. Mein Mann wurde übrigens für einen Fahrer gehalten, weil er mit seinem Freund vorne im Auto saß. Serviert wurde das Essen von „Celler de Can Roca", das derzeit mit seinen drei Michelin-Sternen als weltbestes geltende Restaurant. Da ich jeden grüße, stellte ich mich auch der Brautschwester vor, die aus Sevilla kommt. Als ich ihr erzählte, dass ich 18 Kinder habe, meinte sie zu mir: „18 Kinder hast du? Dann besitzt du also 18 Landgüter". Hier muss ich wohl erklären, dass ein Landgut zur Ernährung mehrerer Familien dient. Früher waren Kinder auf dem Land billige und notwendige Arbeitskräfte und zugleich Zeichen des Wohlstands.

Mein Mann hat 13 Onkel und Tanten und seinem Großvater wurde gesagt, er werde der reichste Mann der Stadt, weil jedes Kind in *Cantimpalos*, der dortigen Wurstfabrik, arbeiten könne. Der Großvater wurde Ortsvorsteher, und als die Großmutter mit 102 Jahren starb, hinterließ sie über 180 Nachkommen.

Ob in der Antike oder heutzutage, seit jeher sind Kinder ein einzigartiges Gut. Früher zeigte man auf der Straße mit dem Finger auf eine unfruchtbare Frau, denn Fruchtbarkeit galt als eine Vorliebe der Götter. Gott versprach Abraham, seine Nachkommen würden zahlreich sein wie die Sterne am Himmel und der Sand am Meer. Jeder hat am Ende den eigenen

Namen verewigt wissen wollen, und stellte sich jemand vor, hieß es oft: „Das ist der Sohn des Sowieso, der dies oder jenes gemacht hat …". Heute hat sich diese Mentalität geändert.

Kinder tragen dazu bei, den Blick nach außen zu wenden, weniger an sich selbst und mehr an andere zu denken. Sie helfen unter anderem dabei, leichter über weltliche Trivialitäten hinwegzukommen; unter anderem, weil weniger Zeit bleibt, sich im Spiegel zu betrachten. Ob mir der Kopf weh tut, ich einen Pickel habe, dick geworden bin oder dunkle Ringe unter den Augen habe … Da mir die drei Stunden am Tag fehlen, mich im Spiegel anzuschauen, komme ich auch nicht dazu, die Unvollkommenheiten im Gesicht zu bemerken oder nachzuschauen, ob der Verlauf der Jahre bereits sichtbar geworden ist. Damit will ich sagen, ich gebe nicht viel Geld für Gesichtscremes aus und somit schlägt sich diese Ausgabe in den Familienfinanzen kaum nieder. Gott sei Dank beliefert mein Freund Vicente eine Supermarktkette mit Gesichtscremes und versorgt mich jedes Jahr mit einem guten Kontingent, was ich angesichts meiner Eitelkeit, verbunden mit dem Wunsch des guten Katalanen, nicht viel auszugeben, überaus schätze. Ein anderer guter Freund, José María, versorgt mich mit weiteren Cremes, die ich zu Weihnachten verschenke, was wiederum meine Schwägerinnen sehr zu schätzen wissen und was sie an solch hohen Tagen glücklich macht. Was freilich alles keine Entschuldigung dafür sein will, sich nicht hübsch zu machen, denn alle Männer haben gerne eine schöne Frau an ihrer Seite, eine „zum Sterben schön".

Kinder helfen uns ständig dabei, glücklich zu sein, aus uns herauszugehen und uns für die anderen frohgemut bereitzuhalten. „Wer gibt, ist glücklicher als wer nimmt", heißt es in „Der kleine Prinz" von Saint Exupéry. In der Familie hat man immer die Möglichkeit zu geben, ohne dafür eine Gegenleistung zu erhoffen. Sie können sich wirklich nicht vorstellen, wie sich das Herz mit jedem Kind weitet. Oft werde ich gefragt: „Aber findest du überhaupt die Zeit, jeden einzelnen von den Kindern zu lieben? Ganz konkret? Fühlen sich deine Kinder geliebt? Fehlt ihnen nicht doch etwas Liebe?" Meine Großmutter Henriette würde antworten: „Diesen Kindern fehlt Mutters Rockzipfel". Denn kaum ein Jahr alt, wurde bereits ein weiteres Baby geboren. Als wir schon größer waren, fragte ich einmal meine Schwester Carmina, Nummer 10, ob sie sich jemals von Mama nicht geliebt gefühlt hätte; und sie antwortete mir, dass sie nie einen Mangel an Liebe verspürt habe; Mama habe alle immer gleichermaßen geliebt und das sehr; und alle hätten sich wirklich geliebt gefühlt. Ohne das weiter auszuweiten: Mein Sohn Rafa, der Kleine, den wir Bubbi nennen, bekommt, wenn er nach Hause kommt, einen Kuss von seinem Vater und seiner Mutter und von seinen 15 Geschwistern. Gibt es wohl irgendwo ein Tag um Tag geküssteres Kind?

In Interviews bekomme ich häufig die Frage gestellt: „Wie viele Kinder möchten Sie haben?". Nun, lässt sich die Liebe begrenzen? Je mehr jemand lieben kann, desto glücklicher ist er. Der Mensch wurde zur Liebe geschaffen. Also habe ich stets geantwortet: „Ich habe keine Lieblingszahl." Ich komme aus einer kinderreichen Familie und mein Mann ebenfalls. In unseren jeweiligen Familien hatten wir eine tolle Zeit, beide mit ihren jeweiligen Eigenheiten. Als wir heirateten, träumten wir von einer großen Familie, wir wollten, dass unsere

Kinder ebenso viel Spaß haben sollten wie wir, umgeben von vielen Geschwistern. Wenn jemand nicht daheim ist, weil er zu einem Freund gegangen ist, fällt das sofort auf, jeder hat seinen Platz.

Vor einigen Jahren ist uns etwas wirklich Lustiges zugestoßen. Ich war im Mutterschaftsurlaub und bin mit ein paar Freunden und Tomás, dem Neugeborenen, nach Madrid gefahren. Dort fand gerade eine Geschenkemesse statt und meine Freundin Cristina besorgte uns sechs Freundinnen Eintrittskarten. Wir reisten mit einem Hochgeschwindigkeitszug und kamen, verrückt wie wir waren, auf den letzten Drücker zum Bahnhof Sants. Dank des Umstands, dass wir durch den Bahnhof gerannt sind und wohl auch wegen unseres Geschreis und Lärms haben wir den Zug am Ende nicht verpasst, sondern waren vielmehr die Ursache für ein paar Minuten Verspätung bei der Abfahrt. In Madrid übernachteten wir bei José Luis und Inma, die uns wie Könige in Frankreich behandelten. Am nächsten Morgen bereiteten sie uns ein leckeres Frühstück, und ich erinnere mich noch an die Spiegeleier mit Kartoffeln (die ich wie verrückt mag), an das frische Gebäck und wie sie uns Kaffee servierten ... Mit einem Wort, es war nicht wie mein sonstiges tägliches Frühstück daheim.

Nach zwei Tagen Aufenthalt in Madrid musste ich zu einem Seminar nach Santiago de Compostela, also nahm ich ein Flugzeug mit Tomy. Eine ganze Woche später kehrte ich ein wenig erschöpft nach all dem Trubel mit dem neugeborenen Baby im Schlepptau nach Hause zurück. Wir flogen mit einer Billigfluggesellschaft, das Flugzeug platzte aus allen Nähten. Durch die Mikrofone kam die Ansage: „Erst Reihe 80 bis 100,

Mütter mit Babys haben Vorrang" und so weiter. Eine Menge Hinweise, auf die ich nicht achtete, weil ich mich nicht so schnell auf meinen Platz setzen wollte, denn ich hatte nach der Entbindung meine alte Figur noch nicht wiederbekommen und war etwas pummelig, dazu das Baby. Ich beschloss also, als Letzte die Kabine zu betreten. Als ich schließlich mit dem Baby das Flugzeug bestieg, mit einer Tasche, dem Buch, das ich zu lesen versuchte, dem *Maxi-Cosi,* etwas vom Kinderwagen und ich weiß nicht mehr, mit wie vielen weiteren Dingen, erspähte ich einen Platz in der vierten Reihe und blieb dort. Nein, ich würde nicht mit so viel Zeug beladen durch das ganze Flugzeug bis nach hinten durchgehen. Auf meiner Bordkarte stand Platz 90C, also weit hinten im Flugzeug. Der Flugbegleiter kam, um mir sehr freundlich beim Zurechtkommen zu helfen. Er wollte den *Maxi-Cosi* mitnehmen, was ich nicht wollte, denn es ist für das Baby bequemer, im *Maxi-Cosi* zu reisen als auf meinem dicken Bauch. Er meinte freundlich zu mir, dass die Vorschriften der Fluggesellschaften dies aus Sicherheitsgründen nicht erlaubten und dass er mir einen Sicherheitsgurt für das Baby gäbe ... Ich meinte zu ihm, ich sei bereits um die ganze Welt gereist und hätte wirklich viele Kinder mit der diesbezüglichen Erfahrung.

„Ach, wie viele Kinder haben Sie denn?", fragte er mich. Ich antwortete ihm, das sei Nummer 14, und dass ich das Familienstammbuch bei mir hätte, um dies nachweisen zu können. Er nahm das Buch und sah, dass Tomás die Nummer 16 sei, denn ich hatte die beiden Verstorbenen nicht mitgezählt, die freilich im Stammbuch verzeichnet sind. Er fragte nach meiner Bordkarte, auf der mein vollständiger Name stand, und stellte dabei fest, dass ich nicht auf meinem Platz saß. Da er nun wohl überfordert war und es knapp wurde, um pünktlich abzuheben, ließ er mich in der vierten Reihe sitzen.

Während des Fluges ergriff der Flugbegleiter dann das Mikrofon und verkündete mitten in einer Totenstille: „Meine Damen und Herren, ich möchte Ihnen mitteilen, dass Rosa Pich-Aguilera mit uns fliegt, sie ist Mutter von 14 Kindern und hat einen kräftigen Applaus verdient." Dann kam er aus dem Cockpit zu mir, ich musste aufstehen, drehte mich und winkte mit beiden Händen dem ganzen applaudierenden Flugzeug zu. In dem Moment nimmt der Begleiter mein Kind und hält es im Stil von *Der König der Löwen* in die Höhe. Nun denn, Sie können sich vorstellen, wie dieses ganze zum Platzen volle Flugzeug applaudiert, freilich nicht mir, sondern der Großfamilie des 21. Jahrhunderts.

Nach der Landung musste ich warten, bis der Kinderwagen kam, und so blieb ich bis zum Schluss sitzen. Als der Rest der Passagiere ausstieg, lächelte man mich an und liebkoste das Baby ... Ein Skeptiker hätte wohl gedacht: „Was für eine Verrücktheit, ich könnte das nicht." Eine ältere Dame fragte mich: „Wirklich, Sie haben so viele Kinder?" Und sie weinte, denn so etwas hatte sie schon lange nicht mehr gehört oder gesehen.

14. Von Leben und Tod

Wir seien eine *Pro-Life-Familie*. Dies habe ich auf der kardiologischen Station des San Juan de Dios-Krankenhauses gehört. Aufgrund unserer Geschichte war das die Schlussfolgerung des Chefs der Kardiologie, dass wir halt allen Widrigkeiten zum Trotz offen für das Leben sind. Sollten wir ein Baby nach seiner Geburt begraben müssen, würden wir das voller Trauer tun; doch es gab für uns keinerlei Zweifel daran, dass wir nicht abtreiben würden, selbst wenn das spanische Gesetz uns sogar schützte. Menschliche Gesetze werden, wie der Name sagt, von Menschen gemacht, aber sie verpflichten nicht, wenn sie sich gegen die menschliche Natur oder den Hausverstand richten. Das eigene Kind zu töten ist das Schlimmste, was ein Mensch tun kann, weil eine Leere im eigenen Herzen zurückbleibt, die nichts und niemand zu füllen vermag, ein Schmerz, den man sein ganzes Leben lang mit sich herumtragen muss ... Mein Mann und ich waren stets offen für das Leben, ohne Vorbehalt oder Grenzen, und dankbar war uns dafür die Wissenschaft.

Vor einigen Jahren machte uns eine Ärztin aus den USA ausfindig, die über angeborene Herzfehler forschte. Sie kam mit ihrer Forschungsarbeit nicht weiter, weil Paare, die ein oder zwei herzkranke Kinder gehabt hatten, keine weiteren Babys mehr wollten, aus Angst vor neuen Operationen und endloser Schlaflosigkeit. Zusätzliche zuverlässige Erhebungen waren somit nicht möglich. Da erfuhr diese Ärztin, dass es in Barcelona eine Familie mit achtzehn Kindern gebe, von denen acht herzkrank seien, und sie kontaktierte uns. Sie flog mit ihrem tragbaren Ultraschallgerät, einer Krankenschwester für die Blutabnahmen und weiteren Hilfsmitteln herüber und machte sich an die Arbeit. Einen ganzen Monat lang reiste sie durch Spanien, denn Sie wissen ja, die Familie meines Mannes wohnt in verschiedenen Städten Spaniens. Die meine ist zwar über die ganze Welt verstreut, doch zufällig kam sie gerade damals zu einem Familientreffen zusammen wegen meines Vaters, der aufgrund eines Gehirntumors operiert worden war und nur noch wenige Monate zu leben hatte.

So konnte Dr. Georgia ihre genetischen Untersuchungen mit uns zu Ende führen, mit meinen sechzehn Geschwistern und deren jeweiligen Kindern und mit den vierzehn Geschwistern meines Mannes und den ihren. Sie war froh, dass sie ihre Forschung abschließen konnte, indem sie Blut von einem jeden von uns entnahm, von beinahe einhundert Familienmitgliedern.

Nachdem wir bereits drei herzkranke Kinder bekommen hatten, von denen das zweite und dritte gestorben waren und es von der ältesten hieß, sie werde nicht länger als drei Jahre leben, wurde uns angeraten, die Babys noch im Mutterleib untersuchen zu lassen. Auf diese Weise wären wir bei der Geburt darauf vorbereitet, wenn ein chirurgischer Eingriff durchzuführen sei. Stimmte bei einem Kind etwas nicht und stellten wir das während der Schwangerschaft fest, hieß es gleich: „Das Gesetz schützt dich, wenn du willst, kannst du es wegmachen, es tut nicht weh." Das ist gelogen! Wenn jemand ein Kind wegmacht, ist das Weh nur umso größer. Wir haben dennoch die vorgeburtlichen Ultraschalluntersuchungen gemacht, nicht um die Schwangerschaft abbrechen und unser Kind töten zu können, falls denn ein Problem auftreten sollte, sondern als Vorbeugung und damit bei der Geburt die Ärzte vorbereitet wären.

Als Lolita (Nummer siebzehn) geboren wurde, waren wir nicht vorbereitet; einige Tage nach ihrer Geburt erlitt sie einen Herzstillstand. Ich war zu Hause im Schlafanzug – nach der Geburt versuche ich die ersten beiden Wochen noch viel im Bett zu bleiben –, als ich sah, dass Lolita kaum noch atmete. Er muss wohl der fünfte Tag gewesen sein, am Tag vor ihrer Taufe. Während ich auf den Aufzug wartete, nahm ich Wasser aus dem Badezimmer und taufte sie: „Ich taufe dich, Lolita, im Namen des Vaters und des Sohnes und des Heiligen Geistes." Gott sei Dank wohnen wir in der Nähe des Krankenhauses und bei der Ankunft kümmerten sich gleich zehn Ärzte um sie. Sie hatte einen kardio-respiratorischen Schock. Man informierte uns, dass das Kind sich nicht erholte und kein Blut durch ihre Adern zirkuliere. Würde sie es durchstehen, bliebe sie blind und taub mit vielen sonstigen Problemen ...

Wir verbrachten ganze zwei Monate auf der Intensivstation, die uns wie eine Ewigkeit vorkamen. Wir besuchten Lolita täglich in vier Schichten und nutzten die Gelegenheit, bei ihr zu sein und ihr etwas vorzusingen. Es waren recht harte Tage, in denen wir viele Kinder sterben sahen. Dabei lernten wir Jaime kennen, einen Gerichtsmediziner und Vater an der Schule unserer Töchter, der eines Tages auf die Intensivstation kam, um den Tod eines vierzehnjährigen Mädchens zu bescheinigen. Wir fühlten seine Nähe sehr stark, zumal wir keine medizinischen Angehörigen haben, und seit dieser Zeit verbindet uns eine tiefe Freundschaft mit ihm und seiner Frau Doris.

Ich konnte nicht begreifen, wieso Lolita noch am Leben war, denn sie hatte ein solch kompliziertes Krankheitsbild, es war einfach unfassbar. Als ich dann einmal angeschlagen nicht zu einem vereinbarten Besuch gehen konnte, machte sich mein Bruder Martín auf den Weg, der sich als Lolitas Onkel vorstellte. Die leitende Ärztin der Intensivstation sprach damals mit ihm. Mein Bruder fragte sie: „Sind Sie gläubig, glauben Sie an Wunder?“. Sie antwortete: „Ich bin nicht gläubig, ich arbeite seit über 15 Jahren auf dieser Intensivstation und sehe, dass Menschen aus ganz Spanien zu uns kommen. Ich war die diensthabende Ärztin, als Lolita hier ankam, und hatte noch nie ein Baby in solch kritischem Zustand gesehen. Es floss kein Blut durch ihre Adern und deswegen war es nicht möglich, sie mit den üblichen Methoden wiederzubeleben. Es gab nur noch eine letzte Möglichkeit, nämlich ihre Knochen zu injizieren. Wir hatten das schon lange nicht mehr gemacht und taten es auch ohne allzu große Erwartung. Heute muss ich sagen, dass ich durchaus an Wunder glaube, wenn ich Lolita sehe“.

Wir haben Freunde auf der ganzen Welt und begannen, für Lolita um Gebet zu bitten. Wer von ihnen nicht glaubte, schickte uns „positive Energie“. Auch wenn ich nicht genau weiß, was das ist, so ist man in solchen Augenblicken für jedes Zeichen der Anteilnahme dankbar. Wir erhielten Emails aus Russland, Australien, Brasilien, Indien, Afrika ... alle waren bewegt von dem, was wir durchmachten, und, ja, es war unsere Nummer siebzehn, aber jedes Kind ist einzigartig und wird äußerst geliebt. Wir hatten innerhalb von vier Monaten zwei Kinder zu Grabe getragen und weigerten uns, ein weiteres zu beerdigen. Wir sahen nicht ein, warum der Tod unsere Familie erneut treffen wollte. Was unsere Freunde und Familie vorausgesagt hatten, trat anscheinend ein: „Es werden andere sterben.“ Gott sei Dank macht die Wissenschaft Fortschritte und heute geht dank der Hilfe aller die fünfjährige Lolita in die Schule, in die erste Klasse; sie führt ein normales Leben und braucht keinerlei Medikamente.

Als ich zwei Jahre später bei einer der jährlichen Routineuntersuchungen, die die Krankenversicherung vorsieht, den Chefarzt der Kardiologie fragte, wieso Lolita lebe und welche Lebenserwartung sie angesichts ihrer Erkrankung habe, meinte er zu mir: „Normalerweise kommen Kinder wie Lolita unter derartigen Umständen und mit einer solchen Krankenakte nicht weit, sie sterben. Doch ich war mir sicher, dass sie überleben würde, denn Sie und Ihre Familie, ihr versprüht das Leben durch die Poren eurer Haut“. Dieser Arzt kennt uns nur von den flüchtigen Routinebesuchen. Doch es ist wahr, dass wir Leben weitergeben, wir sind offen dafür. Es wird in der Atmosphäre unserer Familien geradezu osmotisch gelebt und verbreitet.

Mein Mann und ich träumten von einer Großfamilie. Wir wollten, dass unsere Kinder genauso glückliche Erfahrungen machen sollten wie wir. Nach jeder Schwangerschaft und Geburt dachten wir erneut darüber nach, wie es uns ginge, ob wir die Kraft für eine weitere Schwangerschaft hätten, für ein neues Baby, wie wir körperlich, geistig, seelisch und finanziell dastünden ... Wir haben über alles nachgedacht und uns am Ende mit der Decke über den Kopf für ein weiteres Kind entschieden und auf all das nicht gehört, was man uns zuraunte: Es wäre nicht die rechte Zeit für so große Familien, der Gesellschaft ginge es doch nicht gut, die Weltwirtschaftskrise, die Arbeitslosigkeit, die Krankheit der Kinder ... Tausend solcher Ausflüchte, alle überaus vernünftig, um keine weiteren Kinder zu bekommen.

Man denke nun nicht, es sei für uns einfacher als für andere. Zum Beispiel übergebe ich mich die ganze Schwangerschaft über mehrmals am Tag, sogar am Tag der Entbindung betrete ich den Kreißsaal mit der Bitte um ein Kotzbecken. Meine Mutter hatte mir stets gesagt, nach dem dritten Schwangerschaftsmonat würde das aufhören, aber ich erbreche alle Tage. Obwohl unsere Kinder krank waren, sollten sie nicht viel weinen, um nicht in einen Erschöpfungszustand zu geraten, so gab es Nächte, in denen wir beide bis zu zwanzigmal aufstanden. Wer etwas hörte, stand auf, zuweilen mein Mann, zuweilen ich. Am nächsten Morgen um sieben Uhr klingelte der Wecker und wir beide machten uns wieder an die Arbeit. Wir fragten einander: „Wie oft bist du heute schon aufgestanden?" „Nur fünfmal, naja, ich nur dreimal, gut!". Unser Rekord war vierzigmal beide zusammen. Wenn wir das betreffende Baby versorgt hatten und wieder ins Bett stiegen, dachten wir: „Jetzt ist es sauber, es hat gegessen und ich habe ihm die Medizin gegeben, jetzt kann ich bis morgen durchschlafen." Aber wir mussten immer noch einmal aufstehen, bis der Tag kam, an dem wir durchschlafen konnten. Die Kinder werden größer, sie nässen nicht mehr ins Bett, die Kälte weckt sie nicht mehr auf, und das Geschwisterkind anbei kümmert sich einfach um das Kleine und gibt ihm das Glas Wasser, um das es bereits zwanzigmal gebeten hatte, ohne dass es jemand gehört hätte.

Ehrlich gesagt bin ich wohl ein wenig verrückt und allzu abenteuerlustig, und da mein Mann und ich uns sehr lieben, passiert halt, was passiert. Als wir von der Londoner BBC für die Sendung *„The biggest family of the World"* aufgezeichnet wurden, wurden wir gefragt, als wir in unser Zimmer kamen: „Ist das Ihr Zimmer? Nimm dieses Bett genau auf, das ist *„the factory of the children"*, sagte der Programmchef. In der Tat wurden dort die Kinder der Familie Postigo Pich fabriziert. Aber *fabriziert* scheint mir nicht das richtige Wort zu sein, ich würde sagen: der Ort, an dem sich unsere Liebe und Zuneigung manifestiert – und die Frucht dieser aufrichtigen Liebe ist ein neues Kind. Wenn man uns fragt, ob wir Kinder lieben, antworten wir mit Ja, wir mögen sie und sind glücklich mit ihnen, aber manchmal ermatten sie uns auch und zehren uns auf. „Doch was mir am meisten gefällt", sagt mein Mann, „ist meine Frau."

2012 hat uns unsere älteste Tochter Carmineta ohne Vorwarnung verlassen. Sie war gerade 22 Jahre alt, hatte ihren Abschluss gemacht und einen Master. Sie wollte in London arbeiten. Sie stand in der Blüte ihres Lebens, war schön, glücklich, smart, fleißig und entschlossen. Sie wollte in die Welt hinaus, war eine echte Freundin ihrer Freunde, und das ganze Leben lag vor ihr.

Carmineta war mit einem schweren Herzfehler geboren worden. Im Alter von drei Jahren musste man ihr nach mehreren Operationen einen Herzschrittmacher einsetzen, da ihr Herz nicht mehr reagierte. Dennoch führte sie ein normales Leben: Wir sind mit der ganzen Familie einmal im Jahr Ski gefahren, sie hat Ausflüge mit uns gemacht und ist wie alle anderen zur Schule gegangen. Schon länger hatte sie bemerkt, dass sie sich müde fühlte. Ich habe dem keine große Bedeutung beigemessen, denn bei den Untersuchungen im Krankenhaus hatte man das auch nicht getan.

Nun musste der Schrittmacher, der ihr im Alter von drei Jahren eingesetzt und seither nicht ausgewechselt worden war, mit 22 ausgetauscht werden. Der Termin für den Schrittmacherwechsel wurde auf Freitag, den 1. Juni 2012 festgelegt. Es handelte sich um eine scheinbar risikolose Routineoperation, derzeit stirbt niemand bei einem solchen Eingriff. Ich ging sogar arbeiten, denn ich hatte bereits seit längerem ein Meeting organisiert. Ich verabschiedete mich mit einem Kuss von ihr, als sie in den Operationssaal fuhr und ging arbeiten, während mein Mann Stallwache hielt und die Zeitung las.

Im Laufe des Vormittags rief mich Chema an und sagte, es gebe Komplikationen, ich solle schnellstens kommen. Die Ärzte konnten es nicht glauben, als alle Adern Carminetas zugleich zu platzen anfingen. Sie kamen mit dem Nähen nicht hinterher, Carmineta verlor überall Blut. „Wir brauchen Blut!" An dem Tag spendeten all unsere Freunden 1.300 Bluteinheiten, etwas, das man zuvor noch nicht in der Blutbank von *El Clínico* gesehen hatte. Unendlich viele Menschen sammelten sich in der Nähe der Tür zur Intensivstation, dass man sogar einen Polizisten vorbeischickte, um festzustellen, was da los sei. Es handelte sich um Familie und Freunde, denen an Carmineta etwas lag. Schließlich fragten die Krankenschwestern, wer wir seien, da sie bei so viel Leid noch nie eine solche Gelassenheit erlebt hätten.

Wir verabschiedeten uns von Carmineta, drei Tage später starb sie. Wir spendeten all ihre Organe der Wissenschaft. Wir wollten sie zu Hause aufbahren, räumten die Möbel aus und bereiteten alles im Wohnzimmer vor. Jeder wollte sich von ihr verabschieden, ganze Familien kamen vorbei, verweilten bei ihr, sangen, teilten Erinnerungen und, wer gläubig war, betete den Rosenkranz. Inmitten all des Schmerzes konnte man einen tiefen Frieden spüren. Als Leute gingen, sagten sie: „Uns ist, als wären wir dem Himmel ein Stück nahegekommen.“ Alles in allem war es sehr schön.

Leute fragten mich: „Rosa, wie geht es dir?“ „Nun, ich wache um sechs auf und weine rund eine Stunde lang. Wer mich kennt, weiß, dass ich täglich eine halbe Stunde bete und danach anfange, mich um meine Kinder, Familie und Freunde, die uns besuchen, zu kümmern. Nachts, wieder allein, fange ich erneut an zu weinen“.

Die Beerdigung war sehr bewegend. In der Kirche von Sarriá gab es keinen Platz mehr, so voller Menschen war sie. Meine Kinder zogen die geblümten Kleider an, die ich so gern habe, und hielten Blumensträuße. Auch ich zog ein buntes Kleid an, denn wir waren zugleich traurig und froh. Carmineta war im Himmel. Mein Sohn Juampi las einige sehr berührende Worte, die uns alle zum Weinen brachten. Pastor Mosén

Manel war derart ergriffen, dass er am Ende der Zeremonie sagte: „Lasst uns nun alle hinausgehen aus der Kirche, um der ganzen Nachbarschaft ein Zeugnis zu geben." Manche Leute verstanden den Frieden nicht, der hierbei herrschte. „Aber sie haben doch gerade ihre älteste Tochter beerdigt, wie können sie da so gelassen sein?" Doch, es war wohl eine Manifestation alltäglich gelebten Glaubens, den man nicht zu bestimmten Zeiten improvisieren kann; jedenfalls bestimmt nicht, wenn etwas so schwer wiegt, wie die Beisetzung einer Tochter oder Schwester. Es war das Zeugnis einer christlichen Familie, der zum dritten Mal der Tod eines Kindes widerfuhr.

Drei Wochen später, bereits wieder mitten im Alltag und der Hektik des Arbeitslebens, schrieb mein Mann einen Brief, um sich beim gesamten kardiologischen Ärzteteam der Klinik für ihre Bemühungen um die Rettung Carminetas zu bedanken. Sie wurde dort sehr geschätzt und man hatte sie hier seit der Geburt behandelt. Mein Mann schickte sogar eine Kiste Wein mit und Pralinen für die Krankenschwestern. Am 26. Juni bekamen wir ein Antwortschreiben des Chefs der Kardiologie, indem er davon sprach, wie glücklich alle gewesen wären, uns kennenzulernen. Er bedankte sich für unser Zeugnis, sie im Gegenzug hätten alles Mögliche und Unmögliche getan, um Carmineta am Leben zu erhalten ... Es war ein sehr gefühlvoller und herzlicher Brief. Das umso mehr, weil bekannt war, dass uns Anwälte am Ausgang des Krankenhauses abgefangen hatten, um den armen Arzt verklagen zu können, der seine Arbeit so gut wie möglich erfüllt hatte. Die Ärzte hatten keine Schuld, sie haben all ihr Wissen und Hoffen eingesetzt, um Carmineta durchzubringen, doch sie hatte Adern wie Zigarettenpapier und sollte uns halt früher oder später verlassen.

15. Ist Ihnen jemals ein Kind abhandengekommen?

Es dürfte in allen Familien vorkommen. Ich selbst bin wohl zu saumselig, doch selbst meinem Mann ist es passiert, obschon der viel organisierter und besonnener ist als ich. Gleich als erstes kommt mir die Geschichte von Pepa in den Sinn, Pepes Zwillingsschwester, als sie gerade einmal vier Jahre alt war. Samstagmorgens sind wir immer schon früh unterwegs, um die Basketball- oder Fußballspiele unserer Kinder anzuschauen, und wir nutzen die Gelegenheit, hierbei Besorgungen zu machen. An diesem Tag kamen wir beim Obst- und Gemüsehändler vorbei ... ich war mit sechs Kindern unterwegs und mein Mann noch mit fünf anderen in der Apotheke, um Medikamente gegen seine Schmerzen und sonstige Geschichten zu kaufen.

Im Geschäft setzte sich Pepa diese überaus leckeren Kekse in den Kopf, die im Fernsehen beworben werden und die es zu

Hause nie gibt. Ich sagte ihr, keiner habe Geburtstag oder Namenstag, also käme das überhaupt nicht in Frage. Sie bekam den passenden Wutanfall und ich meinte zu ihr, wir würden jetzt nach Hause gehen, sie könne ja alleine nachkommen – in der festen Überzeugung, sie werde uns folgen. Den Weg laufen wir ziemlich häufig, außerdem wissen die Kinder, dass, wenn Mama sagt, sie geht, dann geht sie, sie wartet dann auf niemanden. Wir kamen zu Hause an und ich ging mit Carmineta alleine weiter einkaufen.

Als wir zur Mittagessenszeit wiederkamen, fragte mich mein Mann, ob ich die Polizei gerufen hätte. „Nun, jemand hat geklingelt und ich habe natürlich aufgemacht, weil alle anderen scheinbar überaus beschäftigt sind. Es war die Polizei. Pepa kam die Treppe hochgelaufen, wir konnten durch das Fenster den Streifenwagen sehen. Anscheinend ist dir Pepa verloren gegangen. Ein älteres Ehepaar hat sie gefunden und bei der Polizei im Rathaus abgegeben. Pepa kannte zwar die Straße, aber nicht die Hausnummer. Also gingen die Polizisten die Straße entlang, um zu sehen, ob sie das Haus wiedererkennen würde."

Alle ihre Geschwister waren außer Rand und Band und fragten sie, wie das Auto von drinnen aussehe und ob noch ein Dieb mit drin gesessen hätte, irgend so ein übel aussehender oder verkleideter Schuft ... sie beneideten ihre Schwester darum, dass sie in einem Polizeiauto mit heulender Sirene gefahren war. Ich für meinen Teil muss gestehen, dass ich sie bis zur Mittagszeit nicht vermisst hatte. Erst, wenn alle sitzen, merke ich, ob einer fehlt, denn tagsüber herrscht ein ständiges Kommen und Gehen und ich kann nicht alle fünf Minuten nachzählen. Das mache ich mit den Kleinen nur am Strand, weil ich dort fürchte, sie könnten ertrinken.

Was meinem Mann passiert ist, war jedoch schlimmer. Er nahm mehrere unserer Kinder und deren Freunde mit in ein riesiges Einkaufszentrum in Somontano zwischen Huesca und Lleida, um einen Gartentisch umzutauschen. Während er mit dem Verkäufer über den defekten Tisch sprach, spielten die Kinder mit Spielzeugautos. Als Chema fertig war, setzte er alle wieder ins Auto, außer dem damals dreijährigen Álvaro mit seinem blonden Schopf und seinen Sommersprossen, der ihn nicht gehört hatte oder nicht hatte hören wollen und lieber weiterspielte.

Kaum zu Hause angekommen, klingelte das Telefon. Mein Mann hatte für den Umtausch seine Handynummer dagelassen. Weil man ihn mit vielen Kindern gesehen hatte, schloss der Verkäufer daraus, dass auch das verlorene Kind zu ihm gehöre.

Chema bat mich, den Jungen abzuholen, weil er sich mit Freunden verabredet hatte. Also bekam ich die entsprechenden Kommentare über die unverantwortliche Mutter ab. Außerdem musste ich mich auch noch damit zufrieden geben, dass man mich beschimpfte, weil ich den Jungen tadelte, dass er sich nicht, wie ihm sein Vater gesagt hatte, ins Auto gesetzt hatte ... Wie sich die Zeiten ändern! Wie dem auch sei, am Ende waren wir alle überaus glücklich, weil Álvaro eine riesige Tüte mit Süßigkeiten geschenkt bekommen hatte und sie auf dem Rückweg mit allen teilte ... Ich liebe Süßigkeiten.

Wir sind nicht die Einzigen, denen so etwas passiert ist. Auch Freunden ist es widerfahren. Ohne groß auszuholen: vor weniger als einem Monat sind wir mit einem befreundeten Paar und ihren drei Kindern an den Strand gegangen. Die Sechsjährige war verträumt und lief verloren am Strand umher. Ihre Eltern mussten sie suchen, und Javier schwamm sogar aufs Meer hinaus, für den Fall, dass sie auf ein Tretboot geklettert wäre, das wir gemietet hatten. Schließlich erkundeten Isa und ich den ganzen Strand. Wie froh waren wir, als wir das Kind bei einer Dame wiederfanden, die sich um sie gekümmert hatte. Das Mädchen hatte, als es leid war, weiter den Strand allein entlangzulaufen, zu weinen begonnen. Was für ein Schreck für meine arme Freundin Isa. Es war das erste Mal, dass sie ein Kind verlor und sie war ganz fassungslos.

Man muss den Kindern erklären, was sie selbst tun können, wenn sie sich verlaufen. Wir müssen ihnen Hilfsmittel an die Hand geben, damit sie sich in einer Bredouille oder in schwierigen Situationen allein zurechtfinden können. Etwa indem sie die eigene Adresse oder die Handynummer ihrer Eltern auswendig lernen.

16. Sportliche Kinder und starke Kinder

Ich lese Nachrichten gerne im Internet. Jeden Tag bekomme ich an meine E-Mail-Adresse kostenlos mehrere Online-Dienste, die ich abonniert habe und die mich rasch über das, was in der Welt los ist, auf dem Laufenden halten. Aber an manchen Tagen habe ich wenig Zeit und dann lese nur die Online-Nachrichten von Álex, dem Ehemann von Paloma, einer Freundin, die auch meine Tennispartnerin ist. Ich mag den Dienst, weil er viele Fotos enthält und man in einer Minute die relevantesten Tagesnachrichten scannen kann.

Vor ein paar Tagen las ich, Sport und Bewegung trügen dazu bei, „die Stimmung aufzuhellen". „Kinder, die sich bewegen, bekommen bessere Noten als die anderen". Wie das lateinische Sprichwort sagt: *„Mens sana in corpore sana"*. Bewegung ist wichtig. Dafür spricht, dass man nach einem Eingriff im Krankenhaus sofort alle Tage ein Weilchen laufen muss. Nun denn, es gibt Musikerfamilien, andere bestehen insbesondere aus Künstlern, wieder andere sind eher intellektuell angehaucht ... Ich denke, wir sind eine Sportlerfamilie. Von recht zartem Alter an, so etwa mit drei Jahren, sind unsere Kinder mit ihren älteren Geschwistern bereits den Weg zur Vorschule gegangen – 35 Minuten hin und 35 Minuten zurück, ganz gleich ob im Winter oder bei Regen. Außerdem sind Mama und Papa dann, wenn die Kinder aus dem Haus gehen, schon weg, so dass es sinnlos ist, sich beschweren zu wollen. Wenn es andererseits auch stimmt, dass Papa sie an ihrem jeweiligen Geburtstag mit dem Auto zur Schule bringt. Auf diese Weise sind alle zu starken Kindern herangewachsen.

Neben den täglichen Spaziergängen und dem Schulsport haben wir die Kinder außerschulisch im Sportverein angemeldet, die Jungen für Fußball und die Mädchen für Basketball. Sie trainieren zweimal in der Woche und haben samstags ein Spiel. Ich sage oft, mir sei lieber, es rollen Bälle statt Köpfe, denn die meisten haben meine Vitalität und Energie geerbt. Hinzu kommt: Da wir in einer Etagenwohnung wohnen, ist es gut, wenn sie müde vom Sport nach Hause kommen und weniger Lust aufs Balgen haben ...

Der zehnjährige Álvaro ist ein guter Leichtathlet. Er gewinnt die allermeisten Schulwettkämpfe und steht bei den Wettbewerben in Stadt und Land oft auf dem Treppchen. Seine Freunde machen ihm bei diesen beliebten Wettkämpfen Platz in der ersten Reihe, und er geht recht verlegen nach vorn. In seinem Alter sind viele Kinder sehr wettbewerbsorientiert und in der Schule fragen ihn seine Klassenkameraden, wie er das mache, immer zu gewinnen. Darauf gibt er zur Antwort, dass er das auch nicht wisse; er fange einfach an zu rennen und, wenn er den Kopf umdrehe und sähe, dass da einer hinter ihm aufhole, dann rase er nur umso schneller. „Dann sag uns doch wenigstens, was deine Mama dir zu essen gibt.“ Zu Hause essen wir Nudeln, Reis, Hamburger, Frankfurter Würstchen ... Also, er isst dasselbe wie alle anderen und kommt zu dem Schluss: „Ich weiß nicht, warum ich alles gewinne. Ich trainiere wie du, trainiere genau wie alle anderen in der Schule, ich mache nichts Besonderes. Ich glaube, ich bin so zur Welt gekommen.“ Er ist ein sehr unkomplizierter Junge.

Mein Mann und ich bevorzugen Mannschaftssportarten, damit den Kindern bewusst wird, dass nicht sie allein gewinnen, sondern das Team; dass man gemeinsam etwas erreichen kann und dass das dann sogar einfacher ist. Hängt einer durch und kommt nicht zum vereinbarten Spiel, verliert das ganze Team. So haben wir ihnen von klein auf beigebracht, sich einzusetzen und dass sie, wenn sie zu einer Schulmannschaft gehören, kein Spiel verpassen dürfen. Sollte also samstags ein Spiel stattfinden und ein Freund sie gleichzeitig für das Wochenende einladen, können sie sich erst nach dem Spiel verabreden, um das Team nicht hängen zu lassen. Der dreizehnjährige Gabriel weiß recht gut, was er der Fußballmannschaft, die er mit Freunden gegründet hat, schuldig ist und er ist sauer, wenn seine Freunde nicht im Team denken.

In einem Team lernen die Kinder, dass einige gut spielen und andere weniger gut, manche lieber alleine agieren und andere den besseren Gesamtüberblick haben. Eines meiner Kinder ist ein kleiner Abstauber, und ich versuche ihm beizubringen, an die anderen zu denken; auch wenn das bedeutet, kein Tor zu schießen, oder den Ball dem zuzupassen, der unbeholfener oder tollpatschiger ist, da das sein Selbstwertgefühl steigert und er so nach und nach schrittweise besser wird.

Ein sportliches Kind ist ein gesundes Kind, wie ich eingangs sagte. Praktizieren Kinder Hobbys von klein auf, bleiben sie zumeist auch in der Pubertät dabei, die ja alle früher oder später durchmachen. Hat ein Kind samstags morgens um neun Uhr ein Spiel, sollte es ihm auch leichter fallen, nicht zu trinken, um am nächsten Tag nicht verkatert zu sein.

Es stimmt wohl auch, dass sportliche Kinder athletischer und körperlich attraktiver aussehen. Sie können weitere Herausforderungen bewältigen und haben ein größeres Themenspektrum, über das sie reden können. Oft können sie auch anders Kontakte knüpfen und es fällt ihnen leichter, tiefe Freundschaften zu festigen, weil sie sie geschmiedet haben durch das erlebte Opfer und die gemeinsam durchgestandenen Anstrengungen auf ein und dasselbe Ziel hin: „Was für eine Abreibung habe ich ihm neulich beim Tennis verpasst."

Inaktive Kinder dürften große Teile des Tages vor dem Fernseher oder mit Videospielen verbringen, sind häufiger schlapp und gereizt. Unabhängig vom Ausgang eines Spiels verbessert Sport die Moral. Das gilt auch für Erwachsene. Ich versuche beispielsweise, Montag mittags Tennis zu spielen und bei gutem Wetter etwas Rückenschwimmen hinzubekommen.

Gehen wir im Sommer ins Schwimmbad, liegt keiner den ganzen Tag in der Sonne. Die Kinder spielen Karten oder ähnliches, doch wenn ich dann ins Becken gehe, sollen sie wenigstens zehn Bahnen mitschwimmen. Das heißt also, dass wir am Morgen schwimmen gehen und nachmittags für gewöhnlich eine etwa zweistündige Wanderung machen oder wir setzen uns aufs Fahrrad und erkunden die umliegenden Wälder.

Wir – ich mit meiner Freundin Cristina, die sich wegen der Vorbereitung auf ein Vorstellungsgespräch ein paar Tage Urlaub genommen hat – unternahmen bereits einige Tagen derlei Spätnachmittagsausflüge. Ich war glücklich darüber, denn so hatte ich auf den acht Kilometern, die wir dabei täglich zurücklegen, einen Gesprächspartner. Das eine Mal waren wir mit siebzehn Kindern unterwegs bei Munt, als uns ein deftiger Regenguss erwischte, dennoch war es ein schöner Ausflug.

Wir sind mit einigen Kindern auch auf Fahrrädern zur Quelle des Flusses Salou gefahren. Der vierjährige Rafa bestand darauf, auf seinem Stützräder-Fahrrad mitzukommen. Zur großen Überraschung der älteren, die ihn vor den Schwierigkeiten des Geländes gewarnt hatten, erreichte er auf seinen vier Rädern den Gipfel des Berges und den Quell, wenn er auch irgendwann absteigen musste und geschoben hatte. Ich selbst war groggy und stützte mich auf meinen Stock. Rafa aber kam als einer der ersten nach Hause und rief: „Mama, ich bin vor dir angekommen!".

Jede Familie hat andere Vorlieben. Es ist gehört zu den elterlichen Pflichten, den Kindern dabei zu helfen, ihre Faibles zu entdecken und zu lernen, wie man diese genießen kann, gerade wenn man sie selbst nicht praktizieren mag. Die Freude und Begeisterung für Sport zu wecken, ist bei uns meine Aufgabe, da mein Mann wegen seiner Knieprobleme häufig keinen Sport machen darf.

17. Wie überstehe ich das Wochenende?

Die Wochenenden sollten je nach Familiengusto im Voraus geplant werden: Museen, Konzerte, Extremsport, was auch immer. Wir bevorzugen die Mannschaftssportarten, Wandern, Filme in Familie – daheim –, Freunde treffen, Museen besuchen.

Darum fahren wir samstagmorgens meist von einer Schule zu anderen oder begleiten den Sportverein zu den verschiedenen Fußball- und Basketballspielen. Man sollte vielleicht wissen, dass wir damit bereits morgens um neun Uhr anfangen, damit wir drei Spiele an einem Tag besuchen können. Wir gelten als besondere Cheerleader. Kommen wir an, fragen wir zuerst, wie es steht; wenn unser Team verliert, fangen wir alle gemeinsam an loszubrüllen, um unsere Mannschaft anzufeuern. Wir haben alle ein sonores Stimmorgan. Legt sich einer mit meinem 13-jährigen Sohn Gaby an, der noch etwas klein ist, und wirft er ihn zu Boden, schreie ich: „Das ist mein Sohn, pass auf!“ Als hätte ich nur den einen Sohn ... Die Teamkameraden lachen, weil sie wissen, dass wir noch mehr haben. Manchmal flüstern meine ein wenig eitlen Töchter, die gern *gut dastehen* wollen, verlegen: „Mama, sei heute bitte leise." Doch ich denke, tief im Inneren gefällt es ihnen, dass ich mit sieben kleinen Geschwistern auftauche und wir das Feld zusammenschreien können. Bis heute ist es meines Wissens noch nicht verboten, auf Fußballplätzen zu schreien, aber es stimmt natürlich auch, dass man an den Gegner denken soll. Daher begrüßen wir beim Ankommen immer die Familien unserer Mannschaft und die der anderen: wir gratulieren diesen auch nach Spielende, falls sie gewonnen haben.

Das Mittagessen am Samstag ist etwas Besonderes, es ist besonders familiär, auch wenn wir immer mit einem geladenen Gast zusammen am runden Tisch sitzen. Das Beisammensein dauert länger als sonst, denn wir besprechen die morgendlichen Spiele: „Der Schiedsrichter hat für die Gegner gepfiffen", „Was für ein Auftritt war das denn", „Die haben mich auf den Boden gedrückt", „Der mit der Nummer 10, wie schmutzig der gespielt hat ..." Unendlich viele ganz unterschiedliche Abenteuer. Dann wird ein Video ausgesucht und alle schauen es gemeinsam an. Die Älteren müssen immer nachgeben und sich ein Video für die Jüngeren mit ansehen, damit alle es gern schauen, von den Zwanzig- bis zu den Dreijährigen. Währenddessen versuchen mein Mann und ich ein kleines Nickerchen zu halten. Wir bitten die Kinder, uns nicht allzu sehr zu stören oder nicht an die Tür zu klopfen, wenn sie sich wieder ärgern oder prügeln.

Samstagnachmittags gehen wir gerne mit den Kleinen spazieren. Fünf Minuten von daheim gibt es einen Spazierweg an einem Berg entlang, der *Carretera de les Aigües* heißt, Wasserstraße. Von dort aus kann man über ganz Barcelona blicken mit dem Meer im Hintergrund. Es lassen sich Gaudís *Sagrada Familia* ausmachen, die Kathedrale, der Agbar-Turm, der Montjuïc-Palast, und man kann gleichzeitig frische gesunde Luft atmen. Die Kinder rennen rauf und runter, suchen Stöcke, basteln Speere und Dolche, streicheln vorbeilaufende Hunde, und Papa und Mama können sich ein wenig unterhalten und dabei die Aussicht und den Duft der Zirbelkiefern genießen. Schön ist es auch, in Barcelona mit Rollschuhen und Skateboards die Promenade am Strand entlang zu laufen. Wer lernen muss, bleibt zu Hause und wird wenigstens nicht von den Kleinen mit Geschrei und Zeitvertreib gestört.

Der winterliche Strand hat seinen eigenen Reiz. Ich liebe das Rauschen der Wellen, wenn sie auf den Sand rollen, das salzige Nass, das sich auf das Gesicht legt, das Laufen, Flanieren, Erzählen, die Bemerkungen über das, was man sieht. In dieser entspannten Atmosphäre öffnen sich die Kleinen und erzählen ihre Wünsche und Sorgen. Ich frage sie auch gerne nach ihren Freunden in der Schule, nicht zuletzt um zu sehen, ob sie ihnen ein wenig helfen können und wie sie sich überhaupt um sie kümmern.

Am Sonntag lassen wir die Kinder ein wenig länger schlafen und bereiten ein besonderes Frühstück vor, das über eine Stunde dauert. Wir essen gerne Brot mit Tomate und Olivenöl, Wurst, Käse, Chorizo (es gibt eine bestimmte Sorte von *Cantimpalos*, die ist noch besser), Butter mit Marmelade, Honig, Pastete, *Sobrasada* (eine Streichwurst aus Schweinefleisch, Paprika, Pfeffer und Salz), Streichkäse, Schinken, Müsli und Milch ohne etwas drin; ich erwähnte bereits, dass wir infolge der Krise den Kakao gestrichen haben. Wir sprechen über den Vorabend, wenn die Kinder auf eine Feier gegangen sind, wer da war, wie sich die Leute benommen haben, und auch, ob sie sich von den Eltern verabschiedet und sich bei ihnen bedankt haben. Dann wird das Haus aufgeräumt, und schon ist es ein Uhr, und wir gehen alle zusammen – ja wirklich, jung und alt zusammen – in die Messe in der nahen Kirche. Das Essen bereiten wir gemeinsam zu und, weil es Sonntag ist, gibt es einen Aperitif.

Sonntagnachmittags gehen wir gerne ins Museum. Wir bemühen uns, das frühzeitig zu planen, indem wir uns mittels Presse oder Internet über die aktuellen Ausstellungen informiert haben.

Wurde für das Wochenende nichts geplant, ist es nur normal, einen müden Vater anzutreffen, der lieber lesen möchte, über streitende kleine Kinder zu stolpern, die es nicht mehr aushalten, in der Wohnung eingesperrt zu sein, ohne endlich rauszukommen, und durchgedrehte größere Kinder klagen zu hören, dass sie nicht lernen können. Andere jagen sich gegenseitig durch das Haus mit einem Regenschirm, der als Pistole dient, und ärgern Tomás, von dem sie wissen, dass er sofort zu weinen anfängt, wenn man ihn nur ein wenig pisackt. Daher ist es am besten, aus der Wohnung zu flüchten. Wir wohnen fünf Minuten von der durch Barcelona gehenden Nord-Süd-Fahrt entfernt, die einen Radweg hat. Also machen wir uns mit den Kleinen auf ihren Rollschuhen und Fahrrädern auf den Weg, während die Größeren zu uns stoßen, sobald sie mit dem Lernen fertig sind. Auf diese Weise bewegen sich alle, lassen Dampf ab und wir verbringen eine angenehme Zeit miteinander.

18. Mit Freunden ausgehen?

Ja, ich halte das für eine Verpflichtung und eine Notwendigkeit für eine gute eheliche Harmonie. Ja, geradezu für den Familienfrieden. Ich erinnere mich noch gut an den Tag, an dem unsere Kinder zu uns sagten: „Mama, Papa, es ist schon lange her, dass ihr irgendwen zum Abendessen eingeladen habt." Ein schlechtes Zeichen. Ich dachte nach, und in der Tat, es gab eine Zeitlang recht viel Arbeit für uns beide und manches Durcheinander, wir waren halt beide ein bisschen kaputt. Wir waren auch ein wenig angespannt und reagierten auf jede Kleinigkeit laut, was selten bei uns vorkommt. Vielleicht muss ich ergänzen, dass derzeit nahezu täglich irgendwer zu uns zum Abendessen nach Hause kommt. Wir laden unsere Freunde mit ihrem Nachwuchs ein, denn viele Kinder sind Klassenkameraden und Freunde der unseren und bei so vielen verschiedenen Altersgruppen ist fast immer einer da, der passt.

Ohne also zu ausschweifend zu werden, fragte ich letzte Woche meinen Mann, wer denn dieser Tage daheim vorbeischaue, wenn ich mit den neun Kleinen außerhalb von Barcelona sei und er mit den Großen daheim. Er erzählte mir, dass es da eine kroatische Familie mit ihren drei Kindern gäbe; außerdem hätte Perico, der in Pamplona studiert, für zehn Tage zwei Freunde aus dem Wohnheim zu Besuch, Javi und Marcos; eine Litauerin, die in Valencia arbeitet und gleichzeitig ein Aufbaustudium macht, sei für 15 Tage in Barcelona; und schließlich seien einige Brüder aus Vilnius da, die auf dem Weg nach Madrid in Barcelona Station machten. Mit einem Wort: Da derzeit in Barcelona viele Betten frei sind, freuen wir uns über jeden, der danach fragt.

Am gestrigen Sonntag haben wir zwei Ehepaare eingeladen, um den Tag mit uns in Castellterçol zu verbringen: Javier, er verkauft Haustiere, mit seiner Frau Isa und Baldo und Paqui, sehr gute, geschätzte Freunde. Wir ließen die Kinder auf der Hausterrasse Makkaroni mit Würstchen essen und entschwanden in eine Dorfkneipe. Wir hatten uns lange nicht gesehen und somit tausend Dinge zu erzählen. Wir lachten viel, sprachen über die Kinder, die Sommerpläne, einen Kurzurlaub in Mallorca, die Schule und – natürlich – die Schwiegerfamilien.

Im Haus in Castellterçol wohnen wir im unteren Bereich eines alten Turms, in einem vor fünfzehn Jahren umgebauten Wirtschaftsteil. Die neun Mädchen schlafen in Dreierkojen im Kohlenkeller, die Jungen in der Waschküche – ebenfalls in Kojen – und wir Eltern in der Speisekammer. Dieser Teil des Hauses ist recht feucht und mein Mann hat seit seinem achtzehnten Lebensjahr Rückenprobleme; daher ist diese Umgebung wirklich nicht gut für ihn. Folglich haben wir unsere Matratze schon mehrfach gewechselt. Mein Mann möchte aber, dass ich eine neue erstehe, worauf ich nur geantwortet habe, er solle sie bitte selbst kaufen. Sonst wird er sie in Kürze wieder austauschen wollen, und ich bin dann schuld. Am Ende haben wir mit unseren Freunden herzlich über diesen häuslichen Alltagsstreit gelacht, und sie sind zu dem Schluss gekommen, vielleicht könnten es doch Altersbeschwerden oder die Spätfolgen eines Unfalls sein, so dass Chema nun einmal, egal wie viele Matratzen er auch kaufen sollte, morgens gnadenlos mit Rückenschmerzen aufstehen müsse. Zum Glück hat ihm das ein Freund gesagt ... wenn ich ihm das sagen würde ...

Folglich bin ich der Meinung, es tut gut, mit Freunden auszugehen. Wenn ein Restaurantbesuch unerschwinglich ist, lässt sich ein Abendessen zu Hause anrichten, es bringt halt jeder etwas zu essen mit. Meine Freundin Cris aus dem Geschäft *Sweet in a box* hilft mir stets, mit ihrem Süßigkeitenbuffet alle Familienfeiern individuell anzureichern. Bei solch gemeinsamen Essen kommen die kleinen Manien, die wir alle haben, zur Sprache und beim Darüber-Lachen verlieren sie ihre Frostigkeit; damit zerrinnt aller Grund für Ärger und Ehestreit. Man sieht, dass der eine, der nicht obsessiv Ordnung hält, dafür beim Putzen spinnt oder mit dem Herablassen der Jalousien im Sommer, damit nur ja nicht die Sonne hereinscheint und die Wohnung zu sehr aufheizt. Wirklich, jeder hat eine Macke. Darum sagt mein Mann bei solchen Abendessen meist: „Das liegt nur daran, dass meine Frau ständig herumkommandiert ...“ Ich kontere, indem ich ihn daran erinnere, dass er mich doch so kennengelernt und sich so in mich verliebt hat. Schon meine Geschwister nannten mich *La mandona*, die Generalin. Also habe ich mich nicht verändert. Was nicht heißen soll, dass ich mich nicht bemühen würde, die Klappe zu halten und meinem Mann die Führung zu überlassen, wenn wir beide allein sind. Ich sage immer, dass mein Mann daheim König ist, ich nur der Festungskommandant. Man muss danach streben, die eigenen Fehler zu beheben, wenn sie den Partner verrückt machen. Zeitgleich muss man sich in Geduld üben, wenn sich Manien, die wir nicht vertragen können, nicht so einfach abstellen lassen. Ich sagte bereits, dass mein persönlicher Vorsatz bei mir zu Hause im Esszimmer hängt: „Kommandiere Papa nicht herum“.

Mit Freunden auszugehen tut gut, weil wir dabei oftmals merken, dass die Punkte, die möglicherweise zum Auslöser großer Familienkonflikte werden könnten, eigentlich kleine Manien sind, die in gewisser Weise sklerotisch sind. Diese Verhärtungen lassen die Dollpunkte zum Gebirge anwachsen und werden zum Auslöser großer Ehestreitigkeiten. Kommen wir auf diese Dinge ganz nebenbei mit Freunden zu sprechen, merken wir rasch, dass Manien uns nicht weiterbringen, ja, dass wir gegen solche (letztlich doch nur) Bagatellen angehen müssen, wenn sie den Partner nerven. Freilich ist gleichermaßen Geduld vonnöten. Denn selbst wenn einer eine Korrektur akzeptiert, ist der Mangel nicht gleich schon durch die Einsicht behoben.

19. Kann man eine ganze Nacht durchschlafen?

Ein Ehegebrechen besteht allseits bekannt darin, nicht eine einzige Nacht ungestört durchschlafen zu können. Solange die Kinder klein sind, muss man aufstehen, um dem kleinen Schreihals, der nicht aufhört zu „Wasser, Wasser, Wasser ...!" zu brüllen, Wasser zu bringen. Hätten wir ihm doch kein Butterbrot mit Serrano-Schinken oder diese salzige Suppe verabreicht, dann würde das Kind sicher nicht in den frühen Morgenstunden zu trinken verlangen. Solange sie klein sind, bekommen sie bei uns ein Serrano-Schinken-Sandwich als Snack, aber nicht abends, damit sie später nicht trinken müssen.

Allgemein gesagt sollte ein Kind, dessen Biorhythmus respektiert wurde, nachts durchschlafen. Man sollte aber wirklich versuchen, diesen Rhythmus zu akzeptieren, wenn es den Gesamtplan der Familie nicht zu stark beeinträchtigt. Man muss also zusehen, dass das Kind zu seiner Zeit isst, ein vernünftiges Schläfchen hält, an die frische Luft kommt und sich etwas sportlich ertüchtigt. Nachts sollte das Kleine, sauber und entspannt durch sein warmes Bad, auch ohne Wutanfall pünktlich zu seiner Zeit schlafen.

Wir dürfen nicht erwarten, dass ein Kind, das den ganzen Tag nicht vor die Tür gekommen ist, ein dreistündiges Nickerchen gemacht hat und chaotisch zu essen bekam, einer erhofften Schlafroutine folgt. Man muss schon auf seine biologische Uhr achten.

Es darf auch nicht überraschen, wenn ein Kind mit etwa zwei Jahren nachts Ängste hat. Vielleicht kommt hinzu, dass ein älterer Bruder gerne Gruselfilme schaut und eine Schwester nicht aufhört, als Hexe maskiert im Erschreckensmodus durch die Wohnung zu laufen, was sogar ich abstoßend finde. Es macht doch zuviel Spaß, einen kleinen Bruder zu ärgern und zuzusehen, wie er Angst bekommt und unter den Rockschoß der Mutter rennt ...! Während dieser Phase ist es sinnvoll, nachts das Flur- oder Badezimmerlicht anzulassen und dem Kind zu erklären, dass Mama und Papa im Nebenzimmer schlafen. Wir sollten uns sogar mit ihm hinunterbücken, damit es nachsehen kann, dass sich unter seinem Bett oder seiner Wiege niemand versteckt hat. Es sollte sehen können, dass die Haustür gut verschlossen ist und dass niemand das Haus betreten kann, weil Papa so stark ist; andernfalls kümmert sich Papa schon um den besagten Einbrecher.

Es war Anis Namenstag. An diesem Tag bat sie mich, einen Film auf meinem Computer schauen zu dürfen, denn in dem Ferienhaus in den Bergen gibt es keinen Fernseher. Wir nehmen uns da durchweg viel zu viel vor, so dass wir uns nicht von einem Bildschirm daheim einfangen lassen wollen. Da es aber nun einmal ein besonderer Tag war, ließ ich sie nach dem Essen den Film *Merida – Legende der Highlands* von Disney-Pixar sehen und machte selbst ein Nickerchen. Als ich aufstand, sah ich meine neun Kinder mit Alejandra, Pepas Freundin, die für die ganze Woche eingeladen war, auf einem Dreier-Sofa im Wohnzimmer sitzen, ein Kind über dem anderen. Die vorne bemühten sich, dass die hinter ihnen etwas sehen konnten, weil der Computerbildschirm ja nicht groß ist. Es gibt in dem Film ein paar heftige Szenen und Tierjagden durch den Wald. Damit Sie es gleich wissen: Heute Nacht tauchten zwei meiner Kinder zu unterschiedlichen Morgenzeiten bei mir am Bett auf, nachdem mich lange niemand mehr nachts besucht hatte. Lolita konnte nicht schlafen, weil sie träumte, und bei Pablo war es dasselbe. Ein dritter hat ins Bett gemacht ... Sehen unsere Kinder spannende oder heftige Filme, spielen sie tagsüber Krieg; sie ahmen nach, was sie in den Filmen sehen. War es ein Western, schleichen sie ums Haus herum und erschießen sich gegenseitig. War der Film ein Thriller, tauchen sie nachts bei mir im Zimmer auf ...

Jedes Kind hat sein Bett. Wenn ein Kind sich fürchtet, ist es normal, dass es zum Bett von Papa und Mama läuft. Was freilich niemandem guttut. Einmal aus hygienischen Gründen und dann, weil niemand am Ende richtig ausgeruht ist und sein kann. Das Kind hört nicht auf, sich zu bewegen und zu strampeln, was den Schlaf der Eltern hemmt. Es ist nötig, dass die Kinder das von klein auf verinnerlichen. Man darf nicht nachgeben, sonst versuchen sie jede Nacht, bei den Eltern zu schlafen. Was nur dazu führt, dass Papa sich am nächsten Tag müde zur Arbeit schleppt und Mama nicht zu schreien aufhört, weil sie übermüdet ist.

Bringen wir die Kinder zu Bett, dann gehen wir mit ihnen in ihr Zimmer, umarmen und küssen sie und sagen: „Gute Nacht, bis morgen. Schlaf gut!“. Ich mache gerne mit jedem Kind einen kleinen Tagesrückblick, gratuliere ihm zum Beispiel, weil es auf die Puppe, die es doch so gern hat, verzichtet hat und sie einem anderen Kind ausgeliehen hat – und das sogar noch mit dem Kleidchen, das sie als kleine Schwester von den großen zum Geburtstag geschenkt bekommen hat – trotz der Gefahr, dass es kaputt gehen könnte. Denn mir war aufgefallen, wie schwer sie sich dabei getan hatte. Bei dieser Gelegenheit gratuliere ich dem Kind dazu ganz allein. Auf der anderen Seite hat mir das Türknallen nicht gefallen, nur weil das Kind den speziellen Joghurt nicht nehmen durfte, den ich für Papa reserviert hatte. Auf diese Weise kann ich jedem unter vier Augen etwas sagen, was gut gelaufen ist und was besser werden kann. Am Ende nehmen wir uns noch für den morgigen Tag vor, beim Frühstück nicht um das blaue Micky-Maus-Glas zu streiten, das jeder mag und von dem wir nur eins haben.

Manche lassen die Kinder gewohnheitsmäßig in ihrem Zimmer lesen. Wir tun das nicht. Für gewöhnlich lesen wir alle zusammen im Wohnzimmer. Auf diese Weise ermutigen wir gemeinsam die unter uns, die sich schwerer dabei tun, eine unterhaltsame Lektüre zu finden. Andererseits sind die Zimmer klein und vier Geschwister teilen sich eins. So brauchen sie sich nicht zu einigen und ums Licht zu streiten, ob an oder aus: „Ich will schlafen! Ich bin müde!“ Die Zimmer sind nachts zum Schlafen da, und wer lesen oder feiern will, soll dafür das Wohnzimmer aufsuchen.

Hat sich ein Kind tagsüber geliebt gefühlt, wird es voraussichtlich nachts Papa und Mama weniger beanspruchen. Solange sie klein sind, neigen sie gewiss eher dazu, mehr nach der Mutter zu verlangen. Oft ist das auch der Fall bei Müttern, die viele Stunden außerhalb des Hauses arbeiten müssen und ihre Kinder deswegen weniger sehen. Sie mögen dem Kind alles Mögliche kaufen, was auch immer es will, doch ihm fehlt das Unentbehrlichste, die mütterliche Aufmerksamkeit. Das Kind verlangt dann in der Nacht nach dieser Aufmerksamkeit, wenn es tagsüber bei einer anderen Bezugsperson ist. Es wird alles Erdenkliche anstellen, um bei seiner Mama zu sein, möglicherweise sich sogar krank fühlen.

Als Eltern sind wir die Hüter des Schlafes unseres Kindes. Wir sollten es geschafft bekommen, dass jedes die Nacht in einem Rutsch durchschlafen kann. Schlussendlich sind wir verantwortlich, nur wir können es unseren Kindern leicht machen, gut auszuruhen.

20. Die vielbeschäftigte Mutter

Heute ist der Montag der letzten Juliwoche. Gaby ist mit seinen 13-jährigen Cousins Pedro und Luis aus dem Zeltlager zurückgekommen. Zuvor haben sie drei Wochen lang einen Englisch-Intensivkurs in den aragonesischen Pyrenäen gemacht, mit Abenteuersporteinlagen. Da bin ich also mit neun kleinen Kindern daheim, von dem dreizehnjährigen Gaby angefangen bis zum vierjährigen Rafa. Im Anschluss an ein unterhaltsames arbeitsreiches Wochenende sind die Größeren mit Papa nach Barcelona gefahren, um dort zu arbeiten, und wir bringen das Haus in Ordnung. Um 9.30 Uhr haben wir gefrühstückt und die anstehenden Hausarbeiten unter uns verteilt. Abgesehen davon, dass jeder selbst sein Bett machen und sein Zimmer aufräumen muss, putzt die neunjährige Pepa die Badezimmer, der elfjährige Álvaro hat die Wäsche aufgehängt, Ani mit ihren 12 Jahren tanzt im Takt des Sängers *Perales*, während sie mit dem vierjährigen Rafa kehrt und staubfegt. Er zeigt ihr die Spinnen, die er nicht einmal mit dem Besen fangen konnte. An die Spinnen kommt aber der sechsjährige Tomás, da er sehr lang ist. Er klettert auf einen Stuhl, schnappt sich die

Spinne, wirft sie auf den Boden, und dann jagen beide das Tier, das erschrocken zu rennen anfängt, während sie brüllen: „Aufgepasst!, sie darf nicht entkommen! Sie ist unter das Sofa gekrabbelt! Los, sie gehört uns! Wir lassen sie nicht entwischen!“ Sie machen so viel Lärm und haben so viel Spaß dabei, dass der neunjährige Pepe auf der Bildfläche erscheint. Er sollte die Fliegen töten, die in der Küche umherfliegen. Da die Fliegenklatsche nicht auf ihrem gewohnten Platz zu finden war, hat er einen Lappen genommen, ist auf und ab gesprungen, hat nicht gepaust und mir anschließend die Fliegen gezeigt, die er im Flug erwischt und mit einem Schlag getötet hat. Die fünfjährige Lolita hat entschieden, dass sie das Essen macht, weil sie gern grüne Bohnen schneidet. Sie hat die ihr passende Schürze angezogen, ein Weihnachtsgeschenk, auf das ihr Namen gestickt ist, und hat sich am Terrassentisch zufrieden eingerichtet.

Mitten in dem Aufruhr klingelte das Arbeitshandy. Man bat mich um ein paar Infos. Ich wiederum bat den Kollegen, er möchte mir kurz eine E-Mail schreiben, wenn es ihm nichts ausmache, ich würde sie im Lauf des Vormittags beantworten. Fünf Minuten später kommt meine Schwester Caty vorbei und fragt, ob es mir etwas ausmache, ihr Kartoffeln für den Brei ihres Babys zu überlassen. Währenddessen kommt Gaby zu mir; ihm sei so heiß – in ganz Spanien herrscht eine unerträgliche Hitzewelle –, ob ich ihm nicht die Haare schneiden könne. Wir haben gerade die Schürze zum Haareschneiden übergestreift, als per *Skype* mein in Korea lebender Sohn Juampi anklingelt. Also finden sich alle vor den Computer ein, um Juampi Hallo zu sagen. Jeder lässt seine Aufgaben liegen, und Pepe schreit: „Juampi on Skype!“. Da wir nicht alle vor den Computer passen, begrüßen wir ihn der Reihe nach. Juampi erinnert mich dabei daran, dass ich dringend auf die E-Mail, die er mir geschickt habe, antworten müsse.

Danach habe ich mit Gabys Haarschnitt weitergemacht: „Nicht mit der Maschine, mit Schere bitte. Pass auf mit dem Schneiden, ich bin jetzt älter und meine Freunde sind der Ansicht, dass die Kurzhaarschnitte eher was für Kleinkinder sind“. Da nun einmal alles bereit und allen so heiß war, kamen die anderen Kinder auch eines nach dem anderen an die Reihe. Tomás, wie könnte es anders sein, fing einmal mehr zu heulen an, denn das Haareschneiden sei eine Qual, die er sich nicht antun wolle. Weil er den Vorsatz hat, nur einmal am Tag zu weinen, bedeutet das, dass wir ihn heute nicht mehr werden heulen hören. Pablo ist überaus empfindlich und lässt sich nicht gerne die Haare schneiden: „Jetzt ist gut, ich bin fertig, du reißt mir an den Haaren“. Rafa meint: „Ich bin jetzt schon größer, ich weine nicht mehr“: Er, unser Jüngster! Schließlich taucht auch Álvaro auf und will, dass ich ihm die Haare ratzekahl abschneide, eine Glatze. Sein Freund Kiko, der Soldat werden möchte, hat sich seine Haare radikal abrasiert, womit er durchaus cool aussieht. „Mama, was meinst du?“ Am Ende habe ich es geschafft, ihn davon zu überzeugen, dass das Schneiden auf drei Millimeter Länge auch recht hübsch wirkt. Zu allerletzt habe ich es fertiggebracht, meinen Rekord zu brechen und sechs Köpfe in fünfunddreißig Minuten geschnitten. Dennoch war ich voller Haare. Obschon es so heiß war, ging ein Lüftchen und die winzigen Haare klebten mit dem Schweiß zusammen an meinem Körper. Nun piekste alles, so dass ich wohlverdient duschen gehe.

Als ich aus der Dusche herauskomme, hämmert Pablo schon an die Tür. Er hat festgestellt, dass seine Nägel zu lang sind ... ob ich sie nicht schneiden könne. Also mache ich mich daran, die Fingernägel und danach die Nägel an den Füßen zu schneiden. Als Pepe sieht, dass ich Nägel schneide, möchte er das ebenfalls. Da kommt Pepa am Badezimmer vorbei und sieht, dass ich so schön im Schwung bin, und ob es mir etwas ausmachen würde ... Schließlich sind sie alle vorbeigekommen und ich habe in einer halben Stunde zweihundert Nägel geschnitten, die meiner neun Kinder und meine eigenen ...

Wir haben den Herd ausgemacht, damit das Essen nicht anbrennt. Ani kam, um mich nach ihren Sommerhausaufgaben zu fragen. Aber ehrlich, ich verstehe diese Aufgaben nicht, zumal ich mich an vieles aus meiner Schulzeit nicht mehr entsinne und obendrein kein sehr guter Schüler war. Ich sage ihr also, sie solle Gaby fragen, denn ich bin mir sicher, der erinnert sich. „Mama, du weißt das nicht?" Nun, ja, nein, ich weiß das nicht. Aber ich werde es ihr gegenüber nicht eingestehen. Also antworte ich, ich müsse noch einige Emails beantworten.

Da sie mich nun in Ruhe gelassen haben und alle zum Schwimmbad sind, nutze ich die Gelegenheit und gehe durch die Zimmer. Mehrere Betten waren ungemacht (die auch ich nicht machen werde, obwohl mich das stört, sogar sehr, wenn das Haus unordentlich ist und die Betten nicht gemacht sind). Kommen sie gleich vom Schwimmen zurück, dürfen sie sich nicht zum Essen setzen, bis alle Zimmer aufgeräumt sind. Sie werden das unter sich Geschwistern regeln, denn nach dem Schwimmen sind alle recht hungrig und werden nicht lange warten wollen.

Schließlich habe ich mich doch hingesetzt und Emails beantwortet, mit einer Schüssel roter Kirschen, die einen im Sommer, wenn die Hitze drückt, so appetitlich anlachen. Um zwei Uhr mittags habe ich dann den Van genommen, um die Kinder abzuholen und meine täglichen zehn Längen hinter mich zu bringen. *Mens sana in corpore sano*. Nach so einem anstrengenden Vormittag musste ich mich beim Sport etwas austoben und ganz nebenbei die meinem Körper anhaftende Hitze loswerden. Als Álvaro fünf Jahre alt war, erzählte er oft: „Mama, ich verstehe nicht, warum mir die Sonne überallhin nachkommt. Wo immer ich mich auch hinbewege, sie kommt mir nach. Was ist das für ein Spiel?“.

Es ist ja normal, dass man immer wieder einmal Grenzsituationen durchstehen muss, die stressig sind. Dabei ist dann freilich wichtig, die Gelassenheit und Geduld nicht zu verlieren, damit man nicht zu den hysterischen Müttern gehört, die bei der kleinsten Gelegenheit gleich losbrüllen.

21. Belohnen und Strafen

Ein Kind braucht Mama und Papa, die Grenzen setzen. Es gibt Dinge, die die Kinder tun dürfen, andere hängen vom Alter ab und wieder andere sind strengstens untersagt. Bei meinen Eltern war zum Beispiel Rauchen verboten, obwohl wir damals nicht einmal wussten, wie gefährlich es ist. Wir durften auch nicht Motorrad fahren, da mein Vater hautnah miterlebt hatte, dass die Kinder von Freunden bei Motorradunfällen umgekommen waren. Wir waren uns alle sehr im Klaren darüber, was ging und was nicht; manches war verhandelbar und anderes fragte man lieber gleich Mama und nicht Papa, denn mit etwas Glück wurde es dann erlaubt.

Nun, neulich kam der fünfjährigen Lolita und dem vierjährigen Rafa, die an einem Sommer-Schwimmkurs teilnehmen, die Idee, das ganze Schwimmbad aufzumischen. Tere mit ihren 15 Jahren begleitete die beiden, und so konnte ich die Gelegenheit nutzen, ein wenig weiter am Buch zu schreiben. Nachher erzählte mir Tere, dass die beiden Kleinen den ganzen ersten Unterrichtstag nicht zu weinen aufgehört und obendrein noch die gesamte Klasse damit angesteckt hätten. Tere war richtig verärgert über das Theater, das die beiden angestellt hatten, zumal sie noch am Morgen mit mir im Schwimmbad waren, viel Spaß hatten und sogar ausdrücklich meinten, dass sie den Kurs wirklich machen wollten. Tere hatte ihnen gedroht, wenn sie nicht zu weinen aufhörten, würden sie keinen Nachmittagsimbiss bekommen. Doch die beiden, stur wie sie nun einmal sind, jammerten und weinten weiter. Als sie dann nach Hause kamen, bekamen sie keine von den leckeren Schokoladenkeksen, die für den Imbiss vorgesehen waren, sondern nur Brot. Sie bekamen einen weiteren Wutanfall, und ich war es schon müde, sie schreien zu hören. Sie taten mir leid. Und als ich gerade dabei war, ihnen meinen Keks zu geben, schrien alle auf: „Nein, Mama, das ist ihre Strafe!“. Wie hart sind doch diese Kinder ...! Sie ließen nicht zu, dass mein Herz, von dem Anblick dieser kleinen tränenreichen Gesichtchen weich geworden, die Bestrafung aufhob. „Nein, Mama, sie verhungern schon nicht und so werden sie das bestimmt nicht mehr vergessen. Wer einlädt, zahlt“. Alle gaben sie Acht, dass die Bestrafung durchgezogen wurde und die beiden nicht damit durchkämen, nur weil sie die Kleinsten sind. Wie alle anderen haben auch die Jüngsten das Recht, gut erzogen zu werden. Selbst wenn wir Eltern bereits in die Jahre gekommen und ermatteter sind. Wie schön, dass wir ältere Kinder haben, die uns helfen und daran erinnern, die Dinge zu tun, wie sie getan werden sollten!

Die Strafen, die wir unseren Kindern auferlegen, müssen im Verhältnis stehen zu dem begangenen Verstoß. Hat beispielsweise einer den Fernseher eingeschaltet, obwohl wir ihm klar gesagt hatten, er dürfe das jetzt nicht, werden wir ihn dennoch nicht mit Fernsehverbot für das ganze Jahr belegen. Das wäre unmöglich durchzuhalten, und ist mit Blick auf das, was getan wurde, auch überzogen. Doch wir werden ihm sicher sagen, dass er den Film heute Abend, der samstags zum Familienprogramm gehört, nicht mit ansehen darf oder er dürfe das Popcorn nicht mitessen, das wir machen, weil Pablo Geburtstag hat.

Ein Kind, das keine Grenzen gesetzt bekommt, weiß insgeheim ganz genau, dass seine Eltern sie nur deswegen nicht setzen, weil sie nicht imstande sind einen Wutanfall zu ertragen. Diese Kinder sind aber zutiefst unglücklich, denn sie sind sich klar darüber, dass Ja-Sagen einfacher ist und sie keine Erziehung bekommen. Niemand erträgt gerne das lange Gesicht seines Sohnes, dem nicht erlaubt worden ist, mit ins Haus seines Freundes an die Costa Brava zu fahren, wenn die Eltern nicht da sind, zumal er doch schon älter ist ... Sein Freund, der alles machen darf, ist freilich ein armer unglücklicher Mensch.

Wer Mama nicht gehorcht und sein Bett nicht macht, mit dem muss Papa reden, wenn er nach Hause kommt. Insbesondere da er nun schon eine Woche lang mit ungemachtem Bett zur Schule geht. Traurig, dass wir Papa diesen Unmut bereiten müssen, jetzt wo er so müde ist und viele Probleme bei der Arbeit hat! Kommt Papa dann von der Arbeit nach Hause und fragt, wie denn alles gelaufen sei, wird das Kind, wie ein begossener Pudel und von der Mutter angestoßen, hervorkommen und erzählen, was geschehen ist. Er weiß ganz genau, was er falsch gemacht hat. Papa wird fragen, ob es ihm leidtut und welchen Denkzettel er sich dafür verpassen will. Da er das bereits kennt, hat er sich auch schon etwas überlegt. „Wie wäre es, auf das besondere Dessert, das Mama heute gemacht hat, zu verzichten oder den Spielzeugschrank, der allen und keinem gehört, aufzuräumen?“ Nun, das endet alles mit einem Kuss und einer Umarmung für Mama. Nun muss man bloß noch darauf achten, ohne lästig zu fallen oder wie ein Blockwart aufzutreten, dass er die Strafe auch ableistet. Die Kinder müssen mit ihrer Freiheit und deren Folgen umgehen lernen.

Jede Familie lebt auf ihre eigene Art, hat ihren eigenen Stil, mit den Dingen umzugehen. Nichts ist da besser oder schlechter als etwas anderes. Jedes Ehepaar und jede Familie legt sich diesen Stil zu. Wachsen unsere geliebten Kinder heran und haben wir *Teenager*, also Heranwachsende daheim, maulen sie möglicherweise ganz rebellisch: „Mama, so würde ich das nicht machen, du bist zu weit gegangen“. Darauf antworte ich: „Es mag sein, dass wir mit dieser Strafe sehr strikt sind und möglicherweise übertrieben haben. Doch wir wollten hier eine Lektion erteilen, die dem Ernst der Sache entspricht, damit ihr alle daraus lernt. Jedenfalls steht es euch frei, wenn ihr heiratet und eine eigene Familie gründet, mit eurem Ehepartner auszumachen, was ihr tun wollt und für angemessen erachtet. Doch solange ihr unter diesem Dach lebt, gibt es einige Mindestanforderungen für das Zusammenleben. Momentan meine ich doch, dass wir alle ganz glücklich darüber sind, einander zu respektieren und zu wissen, wie diese Mindeststandards lauten.“

Dann und wann ist es auch durchaus gut zuzugeben, dass wir uns geirrt haben. Etwa wenn wir Pablo einen Klaps gegeben haben, weil er nun einmal gerade vor Ort war, in Wirklichkeit aber Pepe die Katastrophe verursacht hat; der war nur so clever, sich rasch davonzumachen und abzutauchen. Dann entschuldigt man sich, denn man hat nun einmal falsch geurteilt.

Wie ich schon häufiger erwähnt habe, verstehen wir uns als Familie und als Team, wir helfen uns gegenseitig. Ich erinnere mich, dass sich Rosita mit 14 Jahren von zu Hause davonstahl, um zu einer Fete zu gehen, die in der Schule ums Eck veranstaltet wurde. Sie wollte Geld für den Jahresabschlussausflug sammeln, doch wir hatten es nicht erlaubt, weil wir der Meinung waren, die Organisatoren seien alles kleine Naseweise, die eine Feier nicht richtig beaufsichtigen könnten. Wir waren an jenem Abend mit Nachbarn und guten Freunden, Lola und Joaquín, ins Kino gegangen. Als wir mitternachts zurückkamen, stellten wir gleich fest, dass Rosita nicht da war. Wir beauftragten die sechzehnjährige Magui damit, sie suchen zu gehen, und würden solange wachbleiben und warten, bis sie zurück wären; sie möchten also nicht allzu spät kommen, weil wir schon müde seien. Alle hatten sie zu Hause gesehen, wie Rosita sich fertig gemacht und das Haus verlassen hatte, ohne Mama und Papa zu folgen. Die Strafpredigt bekam also die ganze Sippschaft zu hören, damit alle etwas lernten: „Was man macht, hat Konsequenzen." Wir beschlossen gemeinsam, dass einen Monat lang keiner ausgehen dürfe, weil alle Geschwister Rosita nicht davon hatten überzeugen und ihr helfen können, eben nicht zu der Party zu gehen. Als wohlmeinende Geschwister hätten sie ihr helfen müssen, richtig zu handeln, und so war es nicht gewesen. Eine Woche danach erzählte mir der neunjährige Pepe, sein Freund Alberto hätte ihn nach der Schule zu sich nach Hause zum Spielen eingeladen, er aber habe ihm gesagt, er könne nicht kommen. Ich fragte ihn warum. „Erinnerst du dich nicht, Mama, dass wir alle einen Monat Hausarrest haben, weil Rosita zu der Feier entschwunden ist?“ Das stimmte, ich hatte es vergessen; er aber hatte die Lektion vorbildlich gelernt ...

Vielleicht darf man auch nicht vergessen, jemanden zu beglückwünschen, der etwas, was ihm schwer fiel und ihm viel Anstrengung abverlangt hat, richtig gemacht hat. Man kann ihn sogar vor allen Geschwistern hochleben lassen. Immer wenn wir einen unserer Zweijährigen nicht mehr gewickelt haben, haben wir ihm jedes Mal, wenn er ins Töpfchen machte und nicht ins Höschen, übertrieben Applaus gespendet. Das Baby war glücklich über diese Aufmerksamkeit. Es wird danach sicher versuchen, es nicht mehr zu verpassen, es wird seinen Eltern und Geschwistern zu gefallen suchen, um noch einmal im Zentrum der Aufmerksamkeit zu stehen.

22. Gäste

Das Haus soll immer für jedermann offenstehen. Die Freunde unserer Kinder sind unsere Freunde. Sie sind ein kleiner Teil von ihnen, und wir kommen nicht umhin, sie zu kennen, wenn wir unsere Kinder lieben. Wir sollten sie bei ihrem Vor- und Zunamen nennen können und ihr Gesicht vor Augen haben, wenn die Kinder mit uns über sie sprechen, spätestens dann, wenn sie einmal bei uns daheim durchgekommen sind. Die Kinder suchen sich ihre Freunde in der Schule aus, und mit den Jahren ändern sich einige und andere bleiben, bis sie alle die Schule verlassen haben und zur Universität gehen. Gewiss, wir bestehen darauf, dass sie mit der ganzen Klasse befreundet sind, doch letztlich wissen wir alle, dass uns mit manchen Menschen eine größere Gemeinsamkeit verbindet als mit anderen. Es bleibt dennoch sicher eine prächtige Übung, sich um die Freundschaft mit jedermann zu bemühen und sich an die unterschiedlichsten Geschmäcker der anderen anpassen zu können. Freunde zu haben ist eine Bereicherung, gerade wenn sie sich voneinander unterscheiden; ohne Zweifel hat jeder etwas zu geben.

An Wochenenden kommt öfter ein Freund unserer Kinder zu uns, dessen Eltern gerade zum Hochzeitstag verreisen möchten. Die sagen dann vorher: „Aber können wir das Kind wirklich bei euch lassen, ihr habt doch schon so viele?“. Nun, gerade weil wir so viele haben, fällt einer mehr oder weniger gar nicht auf. Es freut uns sogar, Ehepaaren zumindest einmal im Jahr bei ihrer Flucht zu zweit helfen zu können; und sei es bloß in die nächste Stadt. So können sie die Batterien bis zum nächsten Hochzeitstag wieder aufladen.

Manchmal kommen auch Freundinnen meiner älteren Töchter. Was ich nun erzählen möchte, geschah gegen Sommerende. Anna, eine Freundin von Cuqui, tauchte in *Shorts* auf, weil sie auf dem Weg zum Strand war. Sie kam vorher zum Essen bei uns vorbei, denn ihre Eltern waren verreist. Ich freue mich, wenn jemand zum Essen kommt, selbst ohne Voranmeldung; aber er sollte korrekt gekleidet erscheinen. Kleidung für den Strand ist nicht dieselbe wie für die Stadt. Als meine Töchter sie eintrudeln sahen, baten sie mich, ihr nichts zu sagen. Sie kennen mich und wissen, dass ich ein junges Mädchen bei mir zu Hause zum Essen mit langen Beinen frei in der Luft nicht leiden kann. Und sie wissen, dass es mir kaum möglich ist, nichts zu sagen, wenn auch, das aber doch, ganz liebevoll. Also sagte ich ihr ein paar Worte mit einem freundlichen Lächeln, so gut ich konnte, ohne sie kränken zu wollen. Meine Töchter gingen mich danach an: diese Freundin würde nie mehr zu uns nach Hause kommen, schließlich sei sie ja bereits 18 Jahre alt und könne tun, was sie wolle. Natürlich, sie könne machen, was sie wolle, aber bei sich zu Hause und nicht bei mir. Wir hätten Regeln und kleideten uns für gewöhnlich geschmackvoll. Wenn ihre Freundin das noch nicht gelernt hätte, würde ich es ihr halt erklären. Ich möchte dazu bemerken, dass ich seit nunmehr nahezu zwanzig Jahren in einem Bekleidungsunternehmen in der Designabteilung arbeite, um die ganze Welt reise und die neuesten Modeschauen besuche. Ich denke also, ich verstehe etwas davon. Da ich zudem die Freunde meiner Kinder auch noch mag, und ich sie wirklich gern habe, fühle ich mich innerlich frei, ihnen zu sagen, was ich denke.

Am darauffolgenden Wochenende kam Anna wieder zu uns und war glücklich. Sie hatte meinen Einwand verstanden und war mir noch dazu dankbar, dass ich mich um sie kümmerte. Anna ist sehr lustig und wir lachen viel mit ihr zusammen, weil ihr immer wieder irgendetwas zustößt.

Mein Mann wird öfter in verschiedene Länder eingeladen, um Familienbildungskurse zu geben und Eltern zu schulen, damit sie selbst als treibende Kraft andere Eltern coachen können. Wir waren schon mehrfach in Brasilien und Kroatien und ich gehe, wie man so schön sagt, als Prinzgemahlin durch – still an seiner Seite. Werde ich etwas gefragt, antworte ich; wenn nicht, stehe ich lächelnd neben ihm und manchmal lässt er mich sogar in meinem schwerfälligen Englisch etwas sagen. Ich denke, mir gelingt es ganz gut mich mit Gesten und Mimik verständlich zu machen, doch natürlich meint mein Mann, ich hätte keinen Schimmer von Englisch. Auf diesen Reisen haben wir zahlreiche Menschen aus allen fünf Kontinenten kennengelernt, und da Barcelona eine der touristischsten Städte der Welt ist (nicht zuletzt dank Gaudí, einem der berühmtesten Architekten der Welt), kommen viele Gäste zu uns ins Haus. Manche übernachten, andere kommen nur zum Abendessen, wieder andere kommen, weil sie uns kennen oder Freunde eines meiner Geschwister sind. Andere schließlich, weil sie einfach neugierig sind, wie so viele Menschen mitten in Barcelona auf einer Etage wohnen können. Auf diese Weise lernen meine Kinder auf wirklichkeitsnähere, greifbarere Weise die verschiedenen Kulturen auf der Welt kennen. Menschen aus fünf Kontinenten haben bei uns zu Abend gegessen. Darunter eine australische Familie, die in Europa Ferien machte, weil der Vater einen Preis gewonnen hatte, der ihm in Belgien überreicht werden sollte. Darunter die Eltern von Aurora, die sieben meiner Kinder fünf Jahre lang Chinesisch gelehrt hat, bis sie Seeger heiratete, mit dem sie nun in Hongkong lebt. Darunter Max und seine Frau aus Michigan, die den Maimonat am IESE unterrichteten ... Also, ich könnte mit der Aufzählung jeden langweilen. Zu Hause führen wir ein ledergebundenes Buch mit der Aufschrift „Erlauchte Autografen der Familie Postigo Pich".

23. Und im Bett, was?

Mein Mann sprach mich darauf an, ob ich auch über das Intimleben von Vater und Mutter sprechen würde. Eigentlich mischt er sich wenig ein und lässt mich machen. Er ist bloß erstaunt, dass mein Buch immer mehr Seiten umfasst, und ist geradezu sprachlos, dass es immer weitere Kapitel gibt. Was als Träumerei begann, wird immer mehr zur Realität. Hin und wieder fragt er mich: „Das kommt doch auch in dein Buch, oder?"

Durch meine Heirat bin ich von einem Etagenbett, das ich mit meinen Schwestern teilte, gleich ins Ehebett umgezogen. Ich werde nie vergessen, wie die Londoner BBC, als sie beim Bericht über unsere Familie ins Elternzimmer kam, fragte, ob das unser Bett sei. Als ich bejahte, wollten sie es gleich filmen und meinten: „This is the factory of the children (Hier ist die Kinderfabrik").

Jeder Mensch wählt die LIEBE seines Lebens frei und die beiden Partner versprechen sich die Treue und gegenseitige

Hilfe auf immer. Da wir nun einmal Menschen sind, sind wir begrenzt, jeder von uns hat seine Schwächen und Vorzüge. Liebe ist wie ein Feuer, das täglich genährt und umsorgt sein will, damit es weiter brennt und besser wärmt.

Vor fünf Jahren nahm ich an einem Familienbildungsprogramm unter dem Titel „Eheliche Liebe" teil. Der Kurs behandelte fünf dem realen Leben entnommene „Fälle". Der erste handelte von Mann und Frau als geschlechtlichen Wesen mit ihren jeweiligen Unterschieden; der zweite befasste sich mit dem Sexualleben in der Ehe; der dritte thematisierte die Kommunikation ... Am Ende des Programms wurde eine Umfrage gemacht, ob der Kurs die Erwartungen erfüllt hätte und was optimierbar wäre: Über die Hälfte der Teilnehmer gab an, alles sollte viel praxisnäher sein ...

Das sagt etwas aus über die Bedeutung, die Ehepaare dieser wesentlichen Frage beimessen. Die Liebe im Schlafzimmer lässt sich nicht beibringen, weil sie die innige Vertrautheit der Partner berührt. Jedes Ehepaar muss sie miteinander entdecken, gemeinsam besprechen und einander sagen, was die größte Freude bereitet und was nicht. Die Frau braucht Vorbereitung, sie will bereits den Tag über umworben werden, damit sie sich auf den endgültigen Höhepunkt einstellen kann. Der Mann ist wie eine feurige Flamme. Aber er hat genug Hirn und Verstand, um zu wissen, wie seine Frau behandelt werden möchte.

Das Sexleben eines jeden Ehepaares ist ein grundlegendes Thema. Lebt man es nicht voller Großzügigkeit, strahlt das auf alle anderen Bereiche des persönlichen und familiären Lebens aus. Das Verschmelzen zweier Körper zu einem Fleisch (1 + 1 = 1) ist mit dem Gespür für Transzendenz verbunden, und solange Offenheit für das Leben herrscht, ist die Kraft vorhanden, ein weiteres Wesen aus dem Nichts ins Leben zu rufen. Das Zeugen eines neuen Lebens macht das Leben sinnvoll, transzendiert das Paar im Kind (1 + 1 = 3, Vater, Mutter und Kind), projiziert die Familie in die Zukunft, in die Ewigkeit ...

Niemand kann hart arbeiten und ein großartiger Elternteil für die eigenen Kinder sein, wenn er dabei die eheliche Liebe geringschätzt. Alles hat seine Bedeutung. Beide Partner müssen lernen, die Zeit im Bett zu genießen. Gerade wir Frauen sollten ein wenig übermütig sein und anziehen, was unseren Männern gefällt, sowohl tagsüber als auch nachts. Ist der Ehemann im Bett glücklich, schaut er nicht anderen Frauen nach. Frauen wissen recht genau, wie sie ihren Mann erregen und glücklich machen können. Ist man im Bett gebefreudig, ist für die Ehe und das Familienleben viel gewonnen. Man kann nicht ständig sagen: „Ich habe heute Kopfweh“, „Mir ist heute nicht gut“, „Ich bin wie erschlagen!“, „Heute hatte ich einen schrecklichen Tag und bin nicht bei der Sache“, „Ich fühle mich sterbens und kann nicht mehr.“ Wenn ein Mann wenig Enthusiasmus und Disposition auf Seiten seiner Frau wahrnimmt, zieht er sich zurück. Seine Bedürfnisse unterscheiden sich von denen der Frau; im Bett nicht in die Gänge zu kommen ist für ihn hart. Uns Frauen reicht manchmal die einfache Liebkosung oder eine Umarmung, doch Männer brauchen den kompletten ehelichen Akt. Sie sind deswegen nicht besser oder schlechter, sie sind halt anders. Mann und Frau ergänzen einander.

Statistiken in den Medien zufolge haben spanische Paare normaler- oder üblicherweise zwei- oder dreimal pro Woche Sex. Ungeachtet aller Statistiken sollte jedes Paar selbst das eigene Intimleben taxieren. Wenn es drei Monate lang keine Intimbeziehung gegeben hat, muss das Paar sich fragen, ob etwas nicht stimmt. Besteht das Problem weiterhin, sollte es die Hilfe eines Spezialisten oder Familientherapeuten in Erwägung ziehen und möglicherweise sogar den Rat und die Hilfe eines Sexologen heranziehen.

Man darf diese Facette des Lebens nicht geringachten. Viele Eheprobleme würden sich rascher lösen lassen, wenn Paare im Bett achtsamer und proaktiver wären.

An dieser Stelle verstehe ich Freundinnen von mir nicht, die sagen: „Ich liebe ihn halt nicht mehr“, „Zwischen uns läuft nichts mehr“, „Wir sind uns völlig fremd geworden“, „Wir leben Parallelleben“, „So lohnt es sich nicht weiterzuleben“. „Hätte ich das Geld, würde ich Schluss machen“. Zum Glück haben wir Krise in Spanien, und für Scheidungen ist kein Geld da. Dann sage ich meinen Freundinnen. „Ein Glück, dass dir das Geld fehlt, denn so hast du die Chance, deine verlorene Liebe wiederzuentdecken; wir werden uns alle bemühen, dir dabei zu helfen, damit du dich aufs Neue verliebst.“

Ich rate ihnen dann zum Beispiel, sie sollen mit einem Bleistift auf ein Blatt Papier die zehn Dinge aufschreiben, die sie dazu geführt haben, dass sie sich in ihren Ehemann verliebt haben, und dann die zehn, die sie jetzt nicht ertragen können. Das Negative schreiben die Frauen für gewöhnlich ganz schnell auf, ohne nachzudenken, doch was sie beim Kennenlernen angezogen hat, ist meist vergessen. Der Mann sollte den gleichen Test auch schriftlich machen. Geht dann das Paar alleine abendessen, sollten sie die beiden Listen gemeinsam mit viel Humor und der Suche nach Abhilfen durchgehen. Es mag lange dauern, bis sich nach vielen Kämpfen, Niederlagen und gelegentlichen Siegen etwas ändert. Sich zu ändern braucht Zeit; umso mehr, wenn es sich um tief eingewurzelte Fehler handelt. Doch schließlich haben alle ein Leben lang Zeit, um besser zu werden und unseren Partner immer mehr zu lieben.

Meine Erfahrung ist, dass man umso glücklicher ist und eine viel bessere Zeit verlebt, wenn man sich dem anderen umfassender hinschenkt. Da das Buch davon handeln soll, wie man glücklich sein kann ... hier ist möglicherweise eine Rezeptzutat.

24. Schatz der Großeltern

Großeltern sind großartig! Es ist wirklich ein Zufall, dass ich am heutigen Fest der Heiligen Joachim und Anna frühmorgens aufgewacht bin und schon um 6 Uhr zu schreiben angefangen habe, noch bevor die Sonne aufgegangen ist. Ich sehe noch den silbrigen Schein des Vollmonds in dieser anhebenden Morgendämmerung.

Die Heiligen Joachim und Anna sind hier in Spanien die Schutzheiligen der Großeltern, und ich könnte mir denken, in vielen anderen Ländern auch. Es ist auch der Namenstag meiner zwölfjährigen Tochter Ani, die eine gute Köchin ist und uns bereits gestern angekündigt hat, dass sie uns zwei Kuchen backen will, einen *Brownie* und einen Schokoladenvulkan. Wir lieben Schokolade!

In dieser morgendlichen Stunde komme ich am besten zum Schreiben. Keiner unterbricht mich, und ich kann die tausend

Ideen niederschreiben, die in meinem Kopf rumoren und lodern, ohne wieder sagen zu müssen: „Könntet ihr mich alle einmal auch nur eine Seite schreiben lassen, ohne mich zu unterbrechen?“ Denn um dieses Buch, mein erstes Buch, zu schreiben, habe ich mich nicht aus der Welt zurückgezogen noch einen idyllischen Ort aufgesucht, wo alle äußeren Reize nur dafür da sind, einem konventionellen Schriftsteller die so ersehnte Ruhe zu ermöglichen. Nein, mich umgibt der Wirbelsturm einer Großfamilie, wie die meine es nun einmal ist. „Wo haben wir das Spültuch hingelegt, um die Gläser abzutrocknen, Wo ist mein geblümter Badeanzug, Ich verstehe dieses Problem der Sommerhausaufgaben nicht ... während zwei sich um das gelbe Auto prügeln, weil es halt das coolste ist ... das Wasser kocht schon, kannst du die Makkaroni reintun ... die Waschmaschine macht heute einen schrecklichen Lärm ...“. Mit einem Wort: das stinknormale Zusammenleben vieler Menschen unter einem Dach.

Heute vor fünf Jahren ging mein Vater in den Himmel heim. Was für ein Beispiel hat er doch gegeben! Am Ende des Lebens werden wir nach der Liebe gerichtet; alles Geld, das wir verdient haben, ist nichts mehr wert, und die letzten Taschen sind leer. Wert haben die Freunde, die man hatte, die Werke, die man für andere im Leben wirkte, die Dienste zur Hebung des Niveaus einer Gesellschaft und die, die die Welt menschlicher machen. Genau, mein Vater hat eine Menge für andere getan, und an seinem Jahrestag ist es wohl nur fair, einiges davon zu erwähnen. Er hat Schulen gegründet, in denen Menschen gebildet werden mit dem Wunsch, sich für die Gesellschaft zu engagieren, die das Sein mehr schätzen als das Haben. Er unterstützte Jugendclubs, in denen junge Menschen lernen können, sich für andere einzusetzen und wo Sport groß geschrieben wird. Er half Ehepaaren in den Ländern, wo sie leben, Schulen auf christlicher Grundlage zu platzieren. Er gründete ein Familienunternehmen, das vielen Menschen Arbeit gibt und von dem viele Familien profitieren. Doch was ihm am meisten Spaß gemacht hat und woran sein Herz stets hing, war die Familienbildung. Er wollte anderen Familien helfen, liebendere Ehepartner und liebendere Eltern ihrer Kinder zu sein; sie sollten sich jeden Tag neu an ihrer Aufgabe erfreuen, Eltern geworden zu sein. Wie er bei der Ernennung zum Doktor *Honoris Causa* an der *International University of Catalonia* selbst am Ende seiner Rede zum Ausdruck brachte: „Verlieben wir uns jeden Tag mehr in das wahre und wunderbare, ja, wunderbare Leben in der Familie".

Schaut man genau hin, passen sich Großeltern dem Laufschritt der Kinder wieder an. Altersbedingt gehen sie langsamer und zögerlicher. Kinder in den ersten Lebensjahren haben Mühe, mit dem hastigen Gang ihrer Eltern Schritt zu halten, die sie dann auch noch an ihren kleinen Armen zerren und rufen: „Lauf, Kind, wir kommen zu spät." Wir Mütter hetzen den ganzen Tag hin und her, umso mehr, wenn wir in diesen frenetischen Städten leben, die einem den Eindruck vermitteln, ständig den Zug zu verpassen. Der Rhythmus der Großeltern ist ein anderer, weil sie ein ganzes Leben gelernt haben, dass es nicht darauf ankommt, tausend Dinge zu erledigen, sondern das zu tun, was gerade zu tun ist, und sich ganz auf diese Aufgabe einzulassen.

Die Menschen, die den ganzen Tag in Hektik sind, machen am Ende nichts richtig. Die Dinge wollen mit Ruhe und Gelassenheit getan werden. Ich gehöre zu denen, die den ganzen Tag in Eile sind, aber ich versuche doch, die Dinge ruhig zu erledigen; auch wenn mich das Kraft kostet, weil ich ein reines Nervenbündel bin und mir die vierundzwanzig Stunden, die der Tag hat, durch die Finger rinnen: Mein Mann, meine Familie, meine Freundinnen, meine Vereine, mein Sport, meine Lektüre, meine übernatürlichen Gebetszeiten, meine Verpflichtungen, meine Mahlzeiten, meine Gäste ...

Als ich gestern von meinem täglichen sommerlichen Spaziergang zurückkam, konnte ich dort, wo ich wohne, zwei ganz unterschiedliche Szenerien beobachten. Meine jetzt 84-jährige Tante Maria Rosa war umgeben von drei ihrer zehn Kinder. Die hatten die Stühle vor die Tür ihres Hauses gestellt und während sie sich unterhielten, rannten die Kinder um sie herum, einige auf Fahrrädern, andere frisierten die Haare ihres älteren Cousins, wieder andere spielten Fangen. Ich dachte: „Wie schön! So alt zu werden wie sie, umgeben von den Kindern und Enkelkindern, die am Ende des Tages sich mit ihr ins Kühle setzen, die Tagesereignisse kommentieren, über die kleinen Probleme der Kinder, ihre Freuden und den letzten Klatsch reden". Gegenüber, auf der anderen Seite des Platzes, war ebenfalls eine 86-jährige Großmutter. Sie war allein, hatte als einzige Gesellschaft ein Buch in der Hand. Die Natur hatte ihr zwei Kinder geschenkt, eine Tochter und einen Sohn, die sich jetzt aber bekriegten wegen was weiß ich für einer Dummheit. Die alte Frau kommt oft raus, um sich auf die Terrasse zu setzen und das Treiben der direkten Nachbarn nebenan mitzuerleben. Die haben sechs Kinder, das älteste ist gerade einmal neun Jahre alt. Doch, ältere Menschen lieben Kinder, sie brauchen die Gesellschaft anderer.

Ich erinnere mich daran, wie die Leute aus der Nachbarschaft in meinen ersten Ehejahren meinten – ich hatte sechs Kinder, die kaum einen Meter über den Boden reichten, eines davon im Kinderwagen und das letzte in meinem Bauch: „Aber ihr hört jetzt auf, nicht? Das ist doch Egoismus, habt ihr keinen Fernseher? Sag deinem Mann, er soll jetzt die Finger von dir lassen. Wären alle wie ihr, passten wir nicht mehr auf die Erde. Hast du nicht gehört, dass es nicht genug zu essen gibt für alle?". Verständlicherweise ist Unwissenheit recht forsch. Im Moment haben wir in Spanien eine umgekehrte Bevölkerungspyramide, jedes verstreichende Jahr gibt es weniger Menschen in unserem Land, verrechnet man die Todesfälle mit der niedrigen Geburtenrate. Ich weiß also nicht, wer die Renten zahlen wird. Am Schluss werden sie von den paar Großfamilien entrichtet, die man auf der Straße im Vorübergehen scheel angesehen hatte ... Was das „Problem" Lebensmittel anbelangt ... Genau, Tonnen und Tonnen von Ernten werden jedes Jahr vernichtet und nicht zum Verkauf angeboten, um die Produkte nicht zu verbilligen und die Bauern zu ruinieren.

Anzumerken ist vielleicht noch, dass sich hinsichtlich des Kindermangels das allgemeine Denken weiterentwickelt. Laufen wir heute alle zusammen in der Nachbarschaft umher, schauen uns die Leute mit einem gewissen Neid und einer gewissen Bewunderung nach. Manche sagen auch: „Die hatten Mut und haben sich nicht vom Druck der Gesellschaft, in der wir leben, unterkriegen lassen."

Ich beneide die Großeltern, die ich, umgeben von ihren Enkeln, auf der Straße sehe. Als ich mein fünftes Kind erwartete, starb plötzlich meine Mutter, und jetzt haben wir nur noch Oma Julita, die in Madrid lebt. Sie ist die ideale Oma für meine Kinder: Sie hat ganz weiße Haare, einen dunklen Teint, kocht fürs Leben gut und liebt es, Geschichten über ihre Vorfahren zu erzählen. Aber sie lebt 600 Kilometer von uns daheim weg und wir sehen sie nur selten, ein paar Tage zu Weihnachten und eine Zeitlang im Sommer. Großeltern in der Nähe zu haben tut der ganzen Familie gut. Mein Vater verhielt sich ausnahmslos wie ein Vater, und selbst als ich verheiratet war, hat er es mir stets mit großer Zuneigung gesagt, wenn ihm etwas auffiel, das ihm nicht gefiel. Mit seinen Enkelkindern war er sehr anspruchsvoll und zeigte ihnen seine Liebe dadurch, dass er ihnen helfen wollte, sich zu bessern. Dabei entging ihm nichts. Die Kinder haben viel mit ihm gelacht, er machte Theater mit ihnen und übertrieb häufig. Alles, was er tat, hatte ein didaktisches Ziel. Er brachte ihnen immer etwas mit den kleinen Dingen des Alltags bei, bei ihm hatte alles einen Grund und einen Daseinszweck.

Was für ein großer Schatz sind Großeltern! Ich habe nicht das Glück, dass meine Kinder Großeltern in der Nähe haben, aber es gibt da eine alleinstehende Großtante, die 87 Jahre alt ist, die sie besuchen und der sie Gesellschaft leisten können. Ich finde es sehr schön, dass sie in unserer Ego-Gesellschaft ihre Zeit verschenken, ohne etwas dafür im Gegenzug zu erwarten. Dass sie es verstehen, „ihre Zeit zu verschwenden", indem sie sich anderen zuwenden, sich für ihre Sorgen oder ihre Leiden interessieren, die ja in einem solchen Alter immer da sind. Dass sie sie zum Arzt begleiten, ihnen einen kleinen Dienst erweisen, ihnen das Obst besorgen, das ausgegangen ist. Was auch immer ... Sie werden denken, wie großartig, sich um Mamas Tante zu kümmern, doch in Wirklichkeit sind sie selbst es, die dabei gewinnen. So kommen meine Kinder aus sich heraus, indem sie an andere denken. Auf diese Weise hängen sie nicht wieder am Computer oder schlendern durch die Stadt und verlieren ihre Zeit, wie es viele ihrer Freunde und die jungen Leute um sie herum tun.

25. Die Ferien sind endlich da!

Urlaub – Die schönste und die von allen am meisten ersehnte Zeit des Jahres! Mit allen zusammen Zeit verbringen ohne Hektik und Termine. Wir schmachten alle nach dem August. Mit Vorliebe starten wir gleich am ersten Wochenende nach Schulende in den Urlaub und fliehen für fünf Tage an den Strand. Dabei nutzen wir den Umstand, dass in Katalonien ein langes Wochenende und Johanneskirmes ist. Wir verbringen die *Feuerwerksnacht*, wie mein Mann sagt, an den Ufern der Goldküste, der *Costa Dorada*. Ich mag den Geruch von *Nivea* und verteile die Creme über den ganzen Körper, gleich wenn ich an den Strand komme, weil ich sehr trockene Haut habe. Und mir gefällt die blaue Blechdose so gut, die schon meine Großmutter Enriqueta benutzte, als sie zum Sonnenbaden an den Coma-Ruga-Strand ging.

Wir fahren mit mehreren befreundeten Familien an den Strand, ins Haus meiner Onkel, die es uns freundlicherweise überlassen. Mit dem Wochenende am Strand beginnt für die Kinder der Urlaub. Ich begebe mich danach mit den neun

Kleinen in ein Puppenhäuschen 35 Kilometer von Barcelona entfernt in die Berge. Am Eingang steht der Spruch *„Casa petita, bon repós" (Kleines Haus, gute Erholung)*. Das Haus ist zwar nur wenige Quadratmeter groß, aber sehr gut geschnitten. Da gibt es das Elternschlafzimmer, ein Kinderzimmer mit zwei dreigeschossigen Etagenbetten und ein Mädchenzimmer mit drei ebensolchen Betten. Es schlafen demnach neun Menschen in einem Raum.

Neulich sagte mir Rosita: „Wie langweilig ist es doch auf dem Dorf". Ja, der Sommer ist langweilig, und ein Dorf mit nur 2.000 Einwohnern inmitten von Wäldern hat für einen Teenager nur wenig im Angebot. Tag für Tag machen wir einen Ausflug zu einer anderen Quelle. Anscheinend hatte hier im 17. und 18. Jahrhundert die Eisindustrie eine große Bedeutung, denn die ganze Umgebung ist voller Eisbrunnen, die noch heute inmitten der Wälder und Felder in ausgesprochen gutem Zustand erhalten sind und werden.

Wegen der Krise und der Bewegungseinschränkungen in Spanien habe ich meinen Chef Miguel um eine Beurlaubung für den Monat Juli gebeten, um sie den Kindern und, naja, diesem Buch zu widmen. Nach dem Aufwachen haben alle schon das Bett gemacht und die Schlafanzüge gefaltet, bevor wir zum Frühstück gehen. Beim Frühstücken entscheiden wir, was wir gerne essen würden und wer mir heute als Helfer zur Seite steht. Einmal mehr bekomme ich so die Bestätigung, dass sie darum kämpfen, mein küchenhelfender Schatten zu sein, denn jeder von ihnen, wie mittlerweile bekannt, isst gerne. Um also Kämpfe zu vermeiden, macht einer das eine und ein anderer das andere Essen. Jeder ist auch der Reihe nach dran, etwas Hausputz zu machen. Sind sie fertig damit, setzen sich alle im Wohnzimmer an den Esstisch, um ihre Hausaufgaben zu erledigen. Wenn sie um 12 Uhr damit fertig sind, machen sie sich die fünfzehn Minuten Fußweg zum öffentlichen Dorfschwimmbad auf, während ich noch zu Hause bleibe, Mails beantworte und am Buch schreibe.

Gegen 13.00 Uhr fahre ich mit dem Auto los und schwimme meine zehn Bahnen, bevor wir zum Essen wieder nach Hause fahren. Der Tisch steht unter einer Veranda mit Blick auf den Wald, der an das Dorf grenzt. Inmitten also von Natur und Vogelgezwitscher genießen wir unser Essen in Familie. Dann ist Ruhe angesagt. Wer will, kann ein Nickerchen machen, lesen oder ein Gesellschaftsspiel spielen, es geht nicht aus dem Haus.

Jause und Ausflug. Die Größeren nehmen das Fahrrad und die Kleinen gehen zu Fuß. Alle Tage schlagen wir eine andere Route ein. Wir pflücken gern Wildblumen für einen mächtig großen Strauß, den ich im Eingang des Hauses arrangiere. Wir suchen nach Waldtieren, kleinen Käfern, die dort leben, sehen uns die verschiedenen Baumarten im Wald an, finden wilde Erdbeeren und suchen nach einer Quelle, an der wir uns erfrischen können, wenngleich im Wald immer eine Brise weht. Wir pausieren gern, um einen schwarzen Käfer, der den Weg überquert, oder einen Ameisenhaufen voller Ameisen im Gänsemarsch zu beobachten, wie sie darauf warten, an die Reihe zu kommen. Selbst solche ekelhaften riesigen Schnecken voller Schleim, die gerade von einem wegen des jüngsten Regengusses nassen Blatt gerutscht ist, schauen wir uns an.

Der Sommer ist die Zeit, in der wir alle rund um die Uhr zusammen sind. Es ist die Zeit, miteinander abzuhängen, viele Dinge und Träume in Familie zu teilen. Es ist eine Zeit zu lernen, was wir während des Schuljahres nicht lernen können. Die Kleinen lernen normalerweise schwimmen, im Wasser treiben und nicht ertrinken. Es ist auch eine gute Zeit, um Fahrradfahren zu lernen. Die Älteren vertiefen sich in eine Sprache oder beginnen mit einer neuen. Manche nähen oder stricken gern und machen sich eigene Taschen. Mit 18 Jahren können sie den Führerschein machen.

Wir verleben eine großartige Zeit zusammen, und es fühlt sich nicht richtig an, wenn die Ferien vorbei sind und wir wieder in die Schule müssen. Am Ende wollen wir aber doch unsere Klassenkameraden wiedersehen, die Lehrer begrüßen, wissen, was sich in der Schule möglicherweise getan hat, und den Klassenlehrer kennenlernen, den wir für das kommende Schuljahr bekommen haben.

26. Belehren Sie spielend

Wir müssen den Kindern den Freiraum sichern, ihre Kreativität zu entfalten. Um in der Gesellschaft, in der wir leben, voranzukommen, müssen unsere Kinder recht pfiffig und versiert sein. Es gibt große Konkurrenz und nicht für jedermann Arbeit. Das heißt, diejenigen bekommen Arbeit, die in jeder Hinsicht besser gerüstet sind. Heutzutage reicht es nicht, einen Abschluss zu haben, einen Master, Sprachkenntnisse ... Nein, wer ganzheitlicher gebildet ist, wer in einer Gruppe die treibenden Kräfte und unterschiedlichen Ansichten bündeln kann, der hat Erfolg. Darauf beruht eine der Tragweiten zwischenmenschlicher Beziehungen.

Kinder haben viel freie Zeit und wir können sie bei ihrem Spielen bilden. Kinder brauchen altersgerechte Spiele. Den Babys, die die ganze Zeit in der Wiege liegen, helfen Mobilés in einer bestimmten Höhe, so dass sie mit ihren Ärmchen versuchen können, das Spiel zu berühren. Dabei lernen sie, ihre Augen auf etwas zu fixieren und einer Sequenz zu folgen. Wenn die Kleinen dann anfangen zu krabbeln, laufen sie uns auf allen Vieren nach, wir können mit ihnen fangen spielen. Das kann ihnen helfen, die rechte Hirnhälfte mit der linken zu synchronisieren. Mit zwei oder drei Jahren kann man die Kleinen mit feiner Erde spielen lassen, sie können mit Wasser Kuchen backen. Dadurch gewinnen ihre Finger die Kraft, um morgen den Bleistift besser halten und schneller schreiben zu können. Lassen wir die Kinder doch sich schmutzig machen, bringen wir sie mit Schaufel und Eimerchen in den Park und sollen sie dort doch komplett im Schlamm verschwinden, lassen wir selbst die Windeln am Ende voller Dreck sein. Es ist ebenfalls gut für Kinder, Wäscheklammern zu nehmen und deren Öffnen und Schließen zu üben, da sie normalerweise schwer zu handhaben sind. Sind die Wäscheklammern darüber hinaus farbig, können die Kinder die verschiedenen Farbtöne ordnen und lernen so die Farben. Es gibt viele Bücher darüber, welche Spiele für welche Altersgruppe geeignet sind, und so können wir unsere Kinder schon früh anspornen.

Doch was Kinder wirklich herausfordert und motiviert, sind Spielgeschwister. Das Spielen unter Geschwistern lehrt vieles, was nicht aus Büchern zu lernen ist. Teamarbeit, sich ärgern und um Verzeihung bitten, neu anfangen, wissen, wie man nachgibt und wie man das Spiel spielt, das dem anderen gefällt, wie alle mit dem ausgesuchten Spiel glücklich werden, wie man jemanden einfangen kann, der wütend ist und etwas nicht mag. Es gibt immer einen Anführer, der die Gruppe zusammenbringt und Frieden schafft und dafür sorgt, dass alle Spaß haben.

Ich sage meinen Kindern immer, dass ein multinationales Unternehmen nicht nur von einer Person geführt wird, sondern von einem Team, von Menschen, die sich als Team verstehen und einen Konsens erzielen können. Jeder legt seinen Standpunkt dar und, wenn er den Rest nicht überzeugen kann, lenkt er zum Wohl der Gruppe ein, ohne wütend zu werden.

Zu Hause fördern wir Mannschaftsspiele. Im Freien sind das Fußball, Basketball, Federball, Hütten bauen, Verstecken. Im Haus spielen wir Brettspiele wie Parcheesi oder mit Karten, Puzzles, Zinnsoldaten und Autos. Wir fördern keine Computer- und Handyspiele, weil sie zu individualistisch sind. Bei ihnen besteht die Herausforderung allein darin, mit sich selbst zurecht zu kommen; niemand muss sich einigen, niemand braucht ein Geschwisterkind davon zu überzeugen, jetzt das zu spielen, was man gerade selbst ausgesucht hat. Kein Nachgeben, kein An-den-anderen-Denken. Nur ich, ich, ich. Bei uns wollen wir keine Egoisten fertigen.

27. Man rede mit den Kindern ... dann entstehen Freundschaften

Manche meiner Freundinnen meinen: „Wenn mein Kind älter ist und sich richtig unterhalten kann, dann werde ich mit ihm reden. In der Zwischenzeit kann das Kindermädchen sich um das Kind sorgen, es sauber halten und sich um seine Grundbedürfnisse kümmern, einschließlich der Küssereien.

Schon von klein an will ein Kind mit Mama und Papa sprechen. Wenn schon in der Wiege sein erstes Geplapper wiederholt wird, hört das Baby, dass Mama eine sanftere Stimme hat und die von Papa tiefer klingt, es kann diese Stimmen, die es bereits neun Monate im Mutterleib gehört hat, identifizieren. Wenn es krabbelt, kann man auch ab und zu selbst in Krabbelposition gehen, sodass die Augen auf Augenhöhe mit den seinen sind. Unsere Gesichtszüge sprechen, Augen, Augenbrauen, Wangenknochen, unser ganzes Gesicht spricht zum Kind. Eine Mutter aus der Schule, die ein russisches Baby adoptiert hatte, kommt mir in den Sinn. Der Psychologe sagte ihr: „Schade, dass Sie sich Gesicht und Lippen haben operieren lassen“, denn dadurch hatte sie ein recht ausdrucksloses Gesicht und ihr Kind benötigte ein Gesicht, das spricht. Nicht nur Kuscheln und Zuneigung tun not, sondern das Sprechen mit ganzem Gesicht und ganzem Körper.

Fast jeder Junge spielt gerne mit Autos. Er baut sie hintereinander auf, parkt sie in der Garage und tankt Benzin. Er will seinem Papa zeigen, was für eine lange Reihe er mit den Autos gemacht hat, und dass die Scheibe beim roten Auto kaputt ist und dass das gelbe Auto ein Cabrio ist. Das sind seine Sorgen und Freuden, und die will er mit Papa teilen. Es ist seine Art, mit Papa zu reden. Mädchen spielen wohl eher mit einer Puppe, und wenn die weint, gibt sie ihm einen Schnuller. Sie bittet dann vielleicht Mama um Hilfe, weil sich etwas verheddert hat und sie der Puppe nicht den Schlafanzug anziehen kann. Gerade jetzt, wo es Zeit ist, ins Bett zu gehen, wie für sie selbst. Mama wird der Puppe einen Kuss geben und das Mädchen wird möglicherweise fragen, wie Kinder geboren werden und warum Tante Mamen so dick ist. Genau, weil sie ein Baby erwartet. „Und wie wird es geboren? Wird es ein Mädchen? Und so gewinnen sie nach und nach an Selbstvertrauen, und Mama wird immer alle ihre Fragen beantworten.

Man sollte versuchen da zu sein, wenn die Kinder von der Schule nach Hause kommen. Sie kommen mit tausend Geschichten, die sie erzählen müssen. Zum Beispiel haben sie auf dem Heimweg einen Unfall gesehen, oder die Lehrerin ist schwanger, oder Anas Vater hat Krebs, oder Pacos Vater hat seinen Job verloren, oder sie mussten einen ganz schwierigen Test schreiben, den niemand bestanden hat, weil keinem die Lösung eingefallen ist, oder das Essen in der Schulmensa hat heute besonders gut geschmeckt, obschon die Kartoffeln nicht richtig durchgekocht waren ... Mama oder Papa müssen daheim sein, um zuzuhören, denn für die Kinder ist dieses Berichten überaus wichtig.

Wir müssen immer zuzuhören verstehen, auch wenn wir gerade kochen, das Telefon klingelt, die Oma anruft, die Nachbarin nach ein paar Eiern, die ihr ausgegangen sind, fragt – und das gerade jetzt. Der elfjährige Álvaro will erzählen, dass die Mutter seines Seelenfreundes Santi nach fünf Mädchen hintereinander einen Jungen erwartet, und der genauso heißen soll wie er. Für ihn gibt es jetzt nichts Wichtigeres, und er muss es gleich loswerden, weil es ihm im Moment eingefallen ist und „sonst, Mama, vergesse ich es." Er versteht nicht, dass die Suppe anbrennt, das Telefon klingelt und sich Pepe und Pablo um den schwarzen Rennwagen balgen.

Im Teenageralter kommt manchmal eines der Kinder angerannt und teilt seine Beunruhigung mit. Beispielsweise, dass die beste Freundin María sie den ganzen Tag über nur kritisiert und dafür die Situation ausgenützt habe, dass sie wegen Krankheit nicht beim Unterricht sein konnte. Ein anderes Mal muss man vielleicht ein Zimmer unter dem Vorwand aufsuchen, die saubere Wäsche einzuräumen, um ein Kind unterbrechen und nachfragen zu können, wie es in der Schule gelaufen ist. Das Mädchen will vielleicht nicht groß reden, weil man ihr kurz zuvor erklärt hat, sie könne nicht mit ihrer Clique ins Kino gehen, weil sie vor allen Geschwistern ungezogen war. Doch schließlich redet sie. Die Lehrerin habe mit ihr gestritten, weil sie eine Abneigung gegen sie hätte, und habe sie sogar vor die Tür geschickt, nur weil sie angemerkt hätte, es sei nicht richtig, etwas abzufragen, was vorher nicht erklärt worden sei. Ihrer Freundin Montse gehe es wirklich nicht gut, weil ihr Vater den Job verloren habe und die ganze Familie darunter leide.

Zu jeder Zeit muss man bereit sein, mit den Kindern zu reden, ihnen zuzuhören, sich etwas erzählen zu lassen. Auch wenn wir müde sind und es gerade elf Uhr nachts ist und man sich nach einem vollen Tag ausruhen und mit dem Buch fortfahren möchte, bei dem man nun einmal keine Seite weiter kommt. Es sind so viele Kinder zum Lesen ins Zimmer gekommen, dass da immer eines etwas Allerletztes zu berichten hat, das ihm gerade in den Sinn kommt!

Die Kinder müssen vertrauen können, dir, Vater, dir, Mutter. Doch bitte, niemand erwarte, dass ihm die Kinder erzählen, dass es da ein Mädchen gibt – das sie mögen und das die Eltern sicher gerne kennenlernen möchten –, die immer ein Lächeln auf den Lippen trägt und dass das Leben einfach wunderschön ist ... wenn wir nicht von klein auf mit ihnen gekrabbelt sind, mit ihnen über ihre Kindergartenfreunde gesprochen haben und wir nicht mit ihnen gemeinsam die Kämpfe ihrer Schulzeit durchgestanden haben.

Wenn die Kinder an der Uni studieren, werden sie uns weiterhin Dinge erzählen, zum Beispiel, was ihnen am St. Georgstag passiert ist, an dem man in Katalonien traditionell der Freundin eine Rose schenkt. „Dieses Jahr gab es beim Kauf einer Rose kostenlos ein Kondom als Zugabe. Wie unromantisch, Mama!

Vater und Mutter sind keine Klassenkameraden. Sie sind Eltern, die immer zuhören. Wir wissen, wie die Kinder sind, und wir wollen ihnen helfen weiterzukommen; dadurch zeigen wir ihnen, dass wir sie lieben. Sie vertrauen uns, fragen uns nach unserer Ansicht und kommen bei Zweifeln eben zu uns.

Ja, man muss viel Zeit miteinander verbringen, mit den eigenen Kindern reden, Spaß miteinander haben, gemeinsam lachen. Sie sind Gleichgesinnte, wir verstehen uns mit einem einfachen Blick. Wir weinen mit ihnen über ihre Probleme, machen uns Sorgen um ihre Sorgen, fühlen uns übel, wenn sie sitzengelassen werden, und wir bringen ihnen bei, wie man jeden allzeit willkommen heißt; denn wie schlecht fühlt sich jemand, wenn er nicht beachtet wird! Wenn man mit den Kindern zusammen ist, sollte man nicht das Gefühl haben, Zeit zu verlieren. Wenn das passiert, stimmt etwas nicht und man muss das beheben. Denn Kinder sind die jüngste Vergangenheit, die ewige Gegenwart und die bevorstehende Zukunft. Es liegt an jedem selbst.

Am Ende lernen sie von dem Beispiel, das wir geben. Wie wir mit unseren Freunden beisammen sind, wie wir daran denken, ihnen zum Geburtstag zu gratulieren, ob wir sie anrufen, weil wir wissen, dass sie eine schwere Zeit durchmachen, dass wir uns bei ihnen dafür bedanken, dass sie uns bei sich zu Hause zum Abendessen eingeladen haben – ob wir ihnen nochmals eine E-Mail schicken, um uns erneut zu bedanken. Der Kinder bestes Beispiel sind wir. Sie müssen sehen, wie Papa und Mama miteinander befreundet sind, miteinander eine schöne Zeit verbringen, einander Geschichten erzählen, gemeinsam lachen. Doch, gut gesagt, mein Mann ist mein bester Freund.

28. Auseinandersetzungen zwischen Vater und Mutter

Natürlich sind Mama und Papa bei manchen Themen unterschiedlicher Ansicht und streiten. Wie das Sprichwort sagt: „Über Geschmack lässt sich nicht streiten". Nun ja, Blau ist ebenso schön wie Rot.

Einmal im Jahr, rund um unseren Hochzeitstag am 15. Juli, fahren wir beide für nur zwei Tage weg. Da ich das Meer liebe und mein Mann das weiß, bucht er ein Hotel am Strand der Costa Brava. Wenigstens einmal im Jahr muss man versuchen rauszukommen, allein als Paar. Manchmal fehlt das Geld, das in der Krise noch weniger geworden ist, und man kann nicht weit abhauen, so sind wir einmal in einem Hotel in Barcelona daselbst abgestiegen. Wichtig ist jedenfalls, rauszukommen und zu versuchen, die Kinder bei den älteren Geschwistern oder jemand Vertrauenswürdigem zu lassen.

Dieses Jahr stiegen wir in den Wagen, wollten zum Strand und fingen an, über wer weiß was zu reden. Zuerst habe ich mir Luft gemacht, und dann hat Chema gesagt, was er dachte. Man muss sich die Dinge sagen können, klar und deutlich und liebevoll, ohne den anderen zu verletzen. Am Ende haben wir gestritten, und unser romantischer Ausflug ging irgendwie daneben. Den ganzen ersten Tag haben wir nicht miteinander gesprochen, was zwischen uns selten geschieht. Ja, es war furchtbar. Wir haben dann versucht, die Situation umzudrehen und einander um Entschuldigung gebeten... der zweite Tag lief viel besser.

Dass es Reibungen gibt, ist unvermeidlich, wenn wir das Beste für den anderen im Blick haben und von ihm etwas verlangen, um einander glücklich zu machen. Wir beide haben einen starken Charakter und sehen die Welt in vielen Dingen recht unterschiedlich. Ich bin zudem überaus stur, und mein Mann versucht verzweifelt, mich von irgendetwas zu überzeugen. Gott sei Dank sind wir in der Erziehung der Kinder kaum unterschiedlicher Ansicht.

Als wir frisch verheiratet waren, meinte mein Mann beispielsweise häufiger zu mir: „Meine Mutter macht so eine super gebratene Karotte in der Pfanne mit Olivenöl“. Ich war nie ein guter Koch, doch am Ende hatte ich die Nase voll und sagte ihm: „Hey, Hübscher, wenn deine Mutter so gut kocht (was nun einmal stimmt), dann geh doch zu ihr und lass mich in Ruhe ...“. Betritt die Schwiegermutter die Szene, wird´s brenzlig.

Es gibt einige Tabuthemen in der Ehe, um die wir alle recht gut Bescheid wissen und die bei jedem Paar zu Ärger führen, wenn man sie anspricht:

1. Geld: Ich komme bis Monatsende nicht hin, wie konntest du dir trotzdem dieses teure Auto kaufen? ... Was für einen tollen Schmuck hat doch deine Schwester ...

2. Renovierungsmaßnahmen: Entweder man gibt nach oder es gibt Streit ohne Ende. Eine gelbe Wand ist doch genauso schön wie eine rote. Eine Freundin von mir ist Dekorateurin, sie hat bei sich eine Wand rot gestrichen und das sieht wirklich gut aus. Deswegen reizt es mich, bei uns ebenfalls eine Wand rot zu streichen. Doch Chema sagt, dass unsere Wohnung kleiner ist, und Rot jedes Zimmer noch kleiner macht. Ich entgegne ihm, dass ich zwanzig Jahre lang als Designerin in einem Textilunternehmen gearbeitet habe. Er kontert, dass er in der Fleischindustrie gearbeitet hat und viel von Raumnutzung versteht. Einer von beiden muss am Ende nachgeben.

3. Kindererziehung: Es gibt freizügige Familien, andere sind strenger und wiederum andere sind eher musikalisch oder sportlich. Bei meinen Eltern war das Mopedfahren streng verboten und wir wollten das auch nicht. Aber meine Freundin Sofía zum Beispiel hat Dani geheiratet, dessen Familie aus der Motorradbranche kommt; deshalb haben ihre Kinder ein Motorgefährt vor der Tür stehen, seit sie drei Jahre alt sind.

4. Die Schwiegerfamilie: Man sollte nie schlecht über die Familie des Ehepartners sprechen, auch wenn sich der Schwager übelst verhalten hat; aber das darf nur er sagen. Man darf das weder kommentieren noch vor ihm aussprechen. Man braucht die Familie des Ehepartners nicht zu verste-

hen, es reicht sie gernzuhaben, manchmal eben ohne sie zu verstehen, eben weil es seine Familie ist.

Ärgert sich ein Partner, weil man nicht gleich denkt oder mit der Vorgehensweise des anderen nicht einverstanden ist, beginnt die Kommunikation einzufrieren. Man hört auf miteinander zu reden oder beginnt einsilbig zu werden. Ich rate jedem, die Wut nicht über einen Tag hinaus anschwillen zu lassen. Es tut weder uns noch den Kindern gut, und der Schneeball wird immer größer.

Nachts, wenn wir wieder im Bett allein sind, muss man sich entschuldigen können und einen „genüsslichen" Frieden schließen, wie ein heiliger Freund zu sagen pflegte. Sehen uns die Kinder streiten, müssen sie auch unsere Entschuldigung mitbekommen; andernfalls ergreifen sie Partei für den einen oder die andere. Dabei wollen sie in Wirklichkeit nur, dass Papa und Mama einander lieben.

Ein letztes „Rezept", das gut bei Zwistigkeiten zwischen Mama und Papa funktioniert: Niemals den Humor verlieren. Lachen ist in Stresssituationen besser als heulen und damit verliert die Sache ihre Frostigkeit. Den Sinn für Humor nicht zu verlieren hilft, aus angespannten Situationen herauszufinden. Wenn es offensichtlich wird, dass es um eine Nichtigkeit geht oder eine bloße Sturheit ist, gibt man sich am besten lachend geschlagen. Das ist meistens die hilfreichste Lösung!

29. Zeit für mich

Es mag dich überraschen, lieber Leser, dass ich dir an dieser Stelle des Buches, wo du schon etwas mehr über mich weißt, verrate: „Ich bin egoistisch und brauche Zeit für mich allein." Also gerade das, was für viele *Zen-Zeit* ist oder der Kraftraum, von dem aus sie sich wieder in den Kampf begeben wider die Familie oder die sonstigen Aufgaben. Ich bin nun einmal ein Mensch und werde am Tag oft müde, obwohl ich dieses Wort üblicherweise nicht in meinem Wortschatz führe.

Menschen, die allenthalben klagen, tun mir wirklich leid. Niemand sollte immer nur Mitleid erregen. Wir alle tragen ein Ach im Herzen, wir sind Menschen und leben in einer komplexen Gesellschaft. Mein Vater war davon überzeugt: „Wer ein Problem hat, hat zumindest die Chance, es anzugehen, sich ihm zu stellen und auf diese Weise etwas zu tun, um eine Lösung für das zu finden, was ihn so nachhaltig umtreibt." Anders gesagt: Probleme halten einen auf Trab, so dass man sich nicht auf seinen Lorbeeren ausruhen kann. Wachsame Krieger sind immer auf der Hut, falls der Feind angreift. Wir alle haben Probleme, ihre Lösung besteht zum guten Teil darin, wie wir mit ihnen umgehen. Einige vermögen die Probleme gewissermaßen an der Nase herumzuführen, um sie zu bewältigen, andere lassen sich von den ihren übermannen und gehen unter.

Mein Vater sagte mir auch: „Rosa, du musst auf dich aufpassen". Ich habe das nicht verstanden. Ich habe immer versucht, gegen diese hedonistische Gesellschaft anzugehen, die nichts weiter tut, als auf den eigenen Bauchnabel zu starren. „Ja, du musst auf dich aufpassen, denn manche werden dich mit der Lupe beobachten, wenn sie hören, dass du so viele Kinder hast. Wenn du dann unförmig, ungepflegt und unattraktiv aussiehst, werden sie keine Kinder haben wollen." Wir leben in einer Gesellschaft übersteigerten Körperkults, und was allenthalben den Ton angibt, ist eine maßlose Magerkeit – die an Magersucht grenzt. Man hat „zuckersüß" auszusehen, wie meine Tochter Loli sagen würde. In der heutigen Gesellschaft ist es von allergrößter Wichtigkeit, wie eine „Barbie"-Puppe umherzulaufen: nach der neuesten Mode gekleidet, hauchdünn, immer freundlich, immer lustig mit tausend Kontakten oder Freunden auf Facebook. Ich muss zugeben, dass ich, obwohl ich in meiner Schulzeit die dünnste in der Klasse war, mit dem Kinderkriegen und allerlei Komplikationen, die ich hatte, ein wenig kapituliert habe. Jetzt kontrollieren meine Kinder, was ich esse, und sagen: „Mama, wie kannst du nur bei all deinen *Barbie-Freundinnen* so fett sein?" Also, ich meine, dass das so nicht ganz stimmt, richtig ist aber doch, dass ich beim Essen etwas mehr den Mund halten sollte.

Immer wenn ich mit meinem Handgepäck zur Geburt in die Klinik gefahren bin, habe ich neben der Babykleidung gleich auch eine Schachtel köstlichster Kekse mitgenommen. Denn nach der Geburt überkam mich – nachts alleine mit dem Baby – etwas Wochenbettdepression. Nachdem ich also eine gute Weile geweint hatte – wozu ich rate, denn das tut wirklich gut –, nahm ich einen Schokoladenkeks und steckte ihn genüsslich in den Mund, und verwöhnte mich so selbst. Bei all der hormonellen Umstellung sollte eine Frau weinen. Zudem habe ich nach der Geburt schreckliche Krämpfe und sehe Sterne. Das ist für mich der schlimmste Teil des Ganzen, da die Geburt selbst durch den Wissenschaftsfortschritt und die Epiduralanästhesie heute viel erträglicher geworden ist.

Neulich sagte meine Schwester Caty zu meinen Töchtern: „Lernt von Mama, die versteht mit recht wenig glücklich zu sein“. Das stimmt schon. Ich brauche nichts Großes, um glücklich zu sein. Seit meiner Kindheit habe ich gelernt, nicht auf Materielles angewiesen zu sein und mein Glück im Alltäglichen zu finden: Beim Essen in der Familie um den gemeinsamen runden Tisch, beim Zusammensitzen mit Magui, die uns schallend zum Lachen bringt, bei einem Spontanausflug mit Rafa, der danach sagt „Danke, Mama, du bist so toll …“, bei einem liebevollen Kuss von Pablo, der sich mitten am Nachmittag um meinen Hals wirft und mich überrascht. Aber eine solche Mentalität wird von klein auf beigebracht, weil man lernen muss, nicht an materiellen Dingen kleben zu bleiben, sich nicht von der Fernsehwerbung einlullen zu lassen, die einem einreden will, *Coca-Cola* mache glücklich und diese Creme erneuere einen rundum, so dass sich keine Falte mehr blicken lasse. Ich folge der Mode, die da proklamiert: „Falten sind schön“. Ich meine damit, dass Falten, die sich in unserem Gesicht nach und nach zeigen, die Andenken an die vielen Scharmützel sind, die uns den Verlauf der Jahre anzeigen. Hält man nicht gelegentlich gerne inne, um zurückzublicken. Dann erkennt man halt die Verlaufspuren, die das Voranschreiten hinterlässt.

Jeder muss selbst herausfinden, wie er ausruhen kann, wie er etwas egoistisch sein kann, um zu entspannen. Denn wer das Leben im Erschöpfungsmodus durcheilt, sprüht ständig Funken, statt Frieden auszustrahlen. Ich versuche einmal in der Woche mittags Tennis zu spielen; außerdem gehe ich gerne spazieren und entwische durchaus mittags einmal mit meinen Freundinnen. Beim Sport können wir den Mund aufmachen, was wir Frauen gerne tun und sogar brauchen. Wir reden über die Kinder, den Ehemann, die Arbeit, den Klatsch, die Schule, was auch immer.

Lesen entspannt mich ebenfalls. Wie schon gesagt, habe ich Lesen erst liebgewinnen müssen, nachdem ich mit meinem Mann zusammen war. Er ist ein Bücherwurm und hat mich mit seinem Hobby angesteckt, und obendrein bildet es mich. Es gibt wohl nichts Langweiligeres, als sich mit einem Esel zu unterhalten.

Ich muss noch etwas zugeben: Ich bin ein *Fashion-Killer*. Ja, ich verfolge die Mode wie eine Wahnsinnige. Man bedenke bitte, dass ich in meinem ersten Job 20 Jahre lang als Musterdesignerin tätig war und auf Messen in Paris, Frankfurt und Italien umhertingeln musste. Es ging durch alle trendigen Straßen der Großstädte und ich war in allem auf dem Laufenden, was die Modemogule der Jugend vorwarfen. Ich lechzte danach, mich nach dem letzten Trend zu kleiden. Jetzt habe ich kaum Zeit zum Einkaufen, und meine Töchter ermüden mich, wenn sie mich darum bitten, sie zu begleiten. Doch ich liebe das Leben und liebe es, meinen Mann zu überraschen, wenn ich eine Halskette mit großer, meilenweit zu sehender Blume trage. Ich mag auch bedruckte Kleider und recht grelle, leuchtende Farben, also nicht diese blassen dunklen Kolorierungen. Ich mag helle und fröhliche Farben, denn für mich stehen sie für Optimismus, und in gewisser Weise machen wir mit den bunten Kleidern, die wir tragen, das Leben unserer Mitmenschen erfreulicher, denke ich jedenfalls.

30. Rosa, was ist dein Geheimnis?

Dieses Kapitel wird nicht jeder verstehen. Ich empfehle daher denen, die nicht das Geschenk des christlichen Glaubens erhalten haben, es nicht zu lesen. Einfach weil sie es nicht verstehen können oder falsch verstehen könnten. Es wird nur demjenigen etwas zu sagen haben, der den Menschen als Körper-Geist-Wesen versteht, als Wesen mit Seele und Verstand. Da es sich dabei um keine greifbaren Dinge handelt, werden sie für jemand, der ausschließlich an die Materie glaubt, kaum verständlich sein, und dann scheint es mir angeratener, das Nachfolgende einfach zu überspringen.

Ich glaube, dass der Mensch nach dem Bild und Gleichnis eines Schöpfergottes geschaffen wurde, der unser Vater ist, wir Menschen also seine Kinder sind. Als liebende Kinder wollen wir mit Ihm sprechen und mit Ihm umgehen. Wir erzählen Ihm unsere Sorgen und unsere Freuden, das, was uns umtreibt und nachts nicht schlafen lässt. Schließlich ist Er nicht nur unser Vater, sondern auch unser Freund, der uns zu trösten versteht und stets bereit ist, uns beizustehen, der uns zuhört und immer da ist, wenn wir ihn brauchen. Er ist einfach unser bester Freund. Darum verbringen wir Christen Zeit mit Ihm und beten täglich. Es handelt sich also um etwas, das auch zu meinem Alltagsleben gehört.

Bei uns Zuhause ist Beten keine Pflicht, weil wir die Freiheit unserer Kinder respektieren. Freilich erklären wir ihnen, dass Beten uns helfen kann, bessere Menschen zu werden, menschlichere, liebevollere Menschen. Denn Beten kann uns dazu anhalten, einander zu helfen und uns nicht wegen jeden Unsinns in die Haare zu geraten. Streiten sich unsere Kinder schon am frühen Morgen beim Frühstück, sage ich laut: „Leute, habt ihr heute noch nicht gebetet?“ Und ich beginne die *Gute Meinung* vorzusingen, mit der der Jungfrau Maria das Tagewerk aufgeopfert werden kann und womit man sie um ihre Hilfe bitten kann. Das soll dieses „kleine Teufelchen“ austreiben, das jeder von uns in sich trägt.

Meine Freundinnen fragen mich oft: „Rosa, was ist dein Geheimnis? Du bist nicht normal, sicher spritzt du dir was ... Mit allem, was du zu tun hast und was wir von dir wissen und was du im Leben durchgemacht hast, ist es einfach nicht normal, dass du immer gut gelaunt bist“. Meine Freunde wissen, dass ich achtzehn Kinder habe (drei davon sind bereits gestorben, darunter eine Tochter mit 22 Jahren), dass ich Teilzeit arbeite, dass ich mich mit tausend Sachen beschäftige, Beraterin mehrerer Unternehmen bin und viele Freunde habe, die mir wichtig sind.

„Rosa, kannst du uns sagen, wie du das machst? Wir alle haben nur einen Tag mit vierundzwanzig Stunden, nur deiner scheint länger zu sein. Sonst könntest du nicht die Zeit haben, so viel zu tun. Du siehst zu, keine Schulversammlung zu versäumen, ist da irgendwo ein interessanter Vortrag, bist du dabei, wir sehen dich bei all den Spielen samstagmorgens, bei denen deine Kinder mitspielen. Wir haben dich auch gesehen, als für das Recht auf ideologiefreie Schulen demonstriert wurde. Wie machst du das?“. Willst du wissen, was mein Geheimnis ist? Was ich nehme? Nun, ich muss zugeben, dass mein Geheimnis gar nicht teuer ist. Er ist für jeden Geldbeutel erschwinglich, in jeden Haushaltsplan integrierbar, denn es kostet nun einmal gar nichts. Für einen Katalanen, der den Euro immer wieder von neuem noch einmal herumdreht, ist kostenlos ganz wichtig.

Ich stehe frühmorgens auf und besuche täglich die Messe. Dann versuche ich, eine halbe Stunde vor dem ausgesetzten Allerheiligsten zu bleiben; dort schöpfe ich Kraft, betrachte die möglichen Lösungen für die Probleme, mit denen ich an diesem Tag wohl konfrontiert werde. Hier denke ich namentlich an jedes einzelne meiner Kinder und sehe zu, welchen kleinen Fortschritt jeder und jede von ihnen und auch mein Mann vielleicht schaffen könnten. Dort bedenke ich auch die Arbeit, die ich an diesem Tag erledigen muss, die Tagesbesprechungen, die Kundenbesuche, die Emails, die zu verschicken sind. Hier fallen mir meine Freunde ein, die Freundin, der es schlecht geht, meine alten Tanten und Onkel, die nur ein kleines Zeichen der Zuneigung und des Dankes benötigen. Hier gibt mir der Herrgott, mein Vater, die Kraft für alles. Ihm lege ich meine Probleme vor. Er tröstet mich und gibt mir Licht, wie ich mich an diesem Tag verhalten soll.

Jeder Tag in dieser großen Stadt, in der wir leben, ist hektisch. Es gilt so viele Tasten zugleich zu drücken, so dass es hilfreich ist, gleich morgens innezuhalten und nachzudenken und zu meditieren, um im richtigen Moment zu wissen, was zu tun ist. Wenn man Windeln wechselt und das Baby massiert, und Pepa kommt hinzu und erklärt, dass sie ihre Mathe-Hausaufgaben nicht versteht, und man sie lächelnd daran erinnert, dass ihre Hauptaufgabe darin besteht zu lächeln... Wenn dann gleichzeitig Pepe, verfolgt von Tomás, angelaufen kommt und Tomás sich weinend beschwert, weil man ihm seinen blauen Stift geklaut hat. Dann wird man dem einem von den beiden sagen müssen, er soll das Zanken lassen, und Tomás, dass Weinen nicht an der Reihe ist, weil er schon beim Frühstück geweint hat, als er die Milch verschüttet hat ... und er soll halt nur einmal weinen. Vielleicht klingelt auch noch das Telefon und Papa sagt, er komme später, weil er in einer Besprechung hängengeblieben ist und wir sollen schon einmal mit dem Abendessen anfangen ... In fünf Minuten reihen sich derart viele Dinge aneinander, dass wir entweder vorher darüber nachgedacht haben oder es ganz unmöglich ist, sich in solchen Momenten der „häuslichen Hochspannung“ an alles zu erinnern.

Wir wurden geschaffen, um zu lieben, und unsere menschliche Natur strebt nach Glück, das sie jedoch nur findet, wenn sie andere Personen liebt. Zuerst die Nächststehenden – den Ehepartner, die Kinder, die Familie, die Freunde, die Kollegen, alljeden, der den Weg kreuzt. Mein Mann erzählte mir, dass Pepe zu ihm gesagt hat: „Mama redet mit jedem auf der Straße, will sie sich denn mit allen anfreunden?“ Genau, ich interessiere mich für jeden, den ich auf der Straße treffe. Ich halte gerne an und rede mit der jungen Mutter, die mit ihrem Baby spazieren geht. Ich spreche sie an, beglückwünsche sie und frage, wie ihr Kind heißt. In dieser unpersönlichen Welt, in der wir leben, ist es doch sehr schön, sich für andere zu interessieren, sie nach ihren Träumen, Hoffnungen und kleinen Problemen zu fragen, mit ihnen über Enttäuschungen zu klagen und sich über ihre Erfolge zu freuen.

In den Ferien sagen mir meine Teenager-Kinder: „Es ist keine Pflicht, wochentags in die Messe zu gehen". Freilich haben wir im Urlaub mehr Zeit, unseren göttlichen Vater tatkräftig zu lieben. Ich stimme ihnen zu. Man muss frei sein, um lieben zu können, doch der Teufel läuft recht frei umher und auch sie können das sehen: Die Gewalt auf den Straßen, Sex, Drogen und ausufernder Materialismus ... das liegt nicht so weit weg von uns. Wir können nur verhindern, dass der Teufel in unser Leben eindringt, wenn wir eine Mauer aufrichten, indem wir in der Familie den Rosenkranz beten und täglich zur Messe gehen. Das kostet uns nur zweimal eine halbe Stunde unseres Tages, und danach haben wir alle Zeit, um Pläne zu schmieden und mit Freunden zusammen zu sein.

Wenn wir nicht in der Lage sind, unsere Kinder zur Liebe zu erziehen und ihnen nahezubringen, das höhere Wesen zu lieben, das ihnen das Leben geschenkt hat, wie wollen wir ihnen dann beibringen, den Nächsten zu lieben? Mit der Messe und dem Rosenkranz lehren wir sie DEN zu lieben und DEM uns anzunähern, DER nicht aufhört, uns reiche Gnaden zu schenken, die doch so notwendig sind, um friedlich und glücklich leben zu können.

Wir sehen uns wieder

Am 6. März 2017 starb José María Postigo an Leberkrebs. Er war erst wenige Wochen zuvor diagnostiziert worden. Nachdem „Chema“ eingesehen hatte, dass der Krebs tödlich enden würde, sprach er mit jedem seiner Kinder einzeln, einem nach dem anderen: „Jesus ist sehr gut, er liebt uns sehr, er will uns bei sich haben“.

Geborgen in dem Glauben, der die Familie ein ganzes Leben lang getragen hat, waren die Stunden „recht bitter und sehr glücklich zugleich“. Die Totenwache fand im eigenen Zuhause statt, und Hunderte von Freunden und Verwandten kamen, um sich zu verabschieden. Sie kamen mit großer Trauer ins Haus und gingen mit großem Frieden davon: „Wir haben ein Stück Himmel berührt,“ hieß es.

Zu der Riesenbeerdigung in der Basilika Santa María del Mar in Barcelona kamen rund 4.000 Menschen, und es waren Chemas eigene Kinder, auch die jüngsten, die unter der großen Anteilnahme der Anwesenden den Sarg in die Kirche hinein und wieder hinaustrugen.

Nach der Messe las Perico, einer der älteren Söhne, sehr bewegende Worte, die dieses Buch vielleicht am besten beschließen:

Liebe Mama, Geschwister, Familie, Freunde und ihr alle, die ihr das Glück hattet, Papa kennenzulernen.

Die ganze Familie möchte euch danken für die Zeichen der Zuneigung, des Mitgefühls und der Hilfsbereitschaft, die ihr uns erwiesen habt. Wir sind unendlich dankbar für eure Gebete und Aufmerksamkeiten. „Gott liebt uns so sehr, so sehr ...", sagte Papa uns Kindern, als er uns mitteilte, dass er Krebs hat. Mit diesen Worten lässt sich schon zusammenfassen, wie Papas Leben war: ein intensives, auf andere ausgerichtetes Leben in Gott.

Diese Tage waren etwas ganz Besonderes. Die Emotionen, die wir erlebt haben, haben uns Gott näher gebracht, wir konnten ein kleines Stück Himmel erleben, wo Papa jetzt ist. Es ist unvermeidlich, dass sich jeder von uns an die Momente erinnert, die er mit ihm verbracht hat und die uns heute zu dem machen, der wir sind. Und auch, dass sich beim Gedanken an seinen Verlust Schmerz und Leid in unserer Seele widerspiegeln, die nur die Hoffnung auf Gott zu lindern vermag. Die Hoffnung, dass er uns, obschon nicht mehr unter uns, doch immer noch hört und da ist, und dass er bei Gott ist, der uns manchmal einen seiner Streiche zu spielen scheint.

Papa, du warst vieles. Vor allem jedoch ein gütiger Mensch, ein bedingungsloser Liebhaber der Familie und ein Freund deiner Freunde. Gütig. Ehemann und Vater. Den Freunden treu, ohne auf den sozialen Status zu achten. Er wollte einfach lieben und Menschen näher zu Gott bringen. Und, bei Gott, das tut er.

Anscheinend gab es ein Problem mit Papa. Die da oben zogen kräftig, um ihn zu sich zu holen. Jetzt ist er bei Carmi, Javi und Montsita, bei Tante Vicky, Opa Pablo und den Großeltern Rafael und Carmina.

Jemand, den mein Vater zutiefst liebhatte, sagte ihm einmal, dass in großen Familien die Sorgen geteilt und die Freuden vervielfacht werden. Das ist wirklich so. Diejenigen von uns, die wir in diesen Tagen nahe zusammen waren, können bezeugen, wie schmerzlich und schön das Leben sein kann, welche Paradoxien Lieben und Leiden sind – doch trotz allem kann man glücklich sein zusammen mit der Familie und den Freunden. Papa wusste das nur zu gut und wich dem Leid nicht aus ... Papa, deines ist ein Beispiel für ein christlichen Leben, für Marienfrömmigkeit und Hingebung an den Nächsten. Gott möchte, dass wir dir immer ähnlicher werden. Hilf uns allen.

Wir lieben dich.

Nachwort

Ich würde mich freuen, wenn Ihnen diese kleinen gewöhnlichen persönlichen Erlebnisse aus meinem Familienleben gefallen haben. Ich habe daran kein allzu großes Verdienst, denn ich habe das meiste bei mir im Elternhaus gelernt. Hier wollte ich nur weitergeben, dass alles gar nicht so schwer ist und man im tagtäglichen Familienleben prächtige Stunden verbringen kann. Vielleicht können Ihnen die Texte aber gelegentlich als eine Art Handbuch dienen, um mit der eigenen Familie darin zu stöbern. Seien Sie sehr glücklich und lassen Sie es sich sehr gut gehen mit 1, 2, 3 ... Kindern.

Vor anderthalb Jahren starb mein Mann an einem schnell wuchernden tödlichen Krebs. Vom Himmel aus erfahren wir seine Hilfe. Doch wir können nicht in der Vergangenheit verharren. Das Leben geht weiter und meine Kinder verdienen eine glückliche Kindheit. Wir wurden von Gott geschaffen, um zu lieben und glücklich zu sein. Mich umgeben 15 Kinder Sie kümmern sich um mich und verwöhnen mich.
Ihnen danke ich für Ihre Aufmerksamkeit, und bitte verzeihen Sie, wenn ich jemanden verletzt habe, denn manchmal bin ich sehr direkt. Nochmals vielen Dank und hoffentlich mögen Ihnen diese Zeilen irgendwann einmal in Ihrem Leben helfen.

Barcelona, im September 2018

„ICH WÜNSCHTE MIR, ICH KONNTE IN DER KURZEN MIR ZUR VERFÜGUNG STEHENDEN ZEIT, DIE BEDEUTUNG DES FAMILIENLEBENS ETWAS MEHR VERSTEHEN HELFEN. NICHT, UM ES ZU ERTRAGEN... MIT ACH UND KRACH... NEIN! SONDERN UM ES AUFRICHTIG ZU LIEBEN, UM ES WIRKLICH ZU WOLLEN UND UM SICH JEDEN TAG EIN WENIG MEHR IN DAS WUNDERBARE, JA, IN UNSER WUNDERBARES FAMILIENLEBEN ZU VERLIEBEN“.

Bei der Verleihung des „Doctor Honoris Causa“
der Internationalen Universität von Katalonien an Rafael Pich.

Fotoalbum

Heiratsantrag (Mai 1989)

Mit der Familie meines Mannes an unserem Hochzeitstag (15. Juli 1989)

Die ganze Familie im Jahr 2003

Foto von Carmi mit Lolita, kurz nach ihrer Geburt und vor ihrer Einlieferung ins Krankenhaus (November 2007)

Mit Mark Dolan, dem Moderator von The World's Biggest Family (2008)

Die ganze Familie im Freizeitpark PortAventura, wo wir für ein Wochenende eingeladen waren (Juli 2011)

Foto von der Erstkommunion der Pepes (Mai 2012). Zwei Monate später starb meine Tochter Carmi

Spaziergang durch Barcelona (Januar 2013)

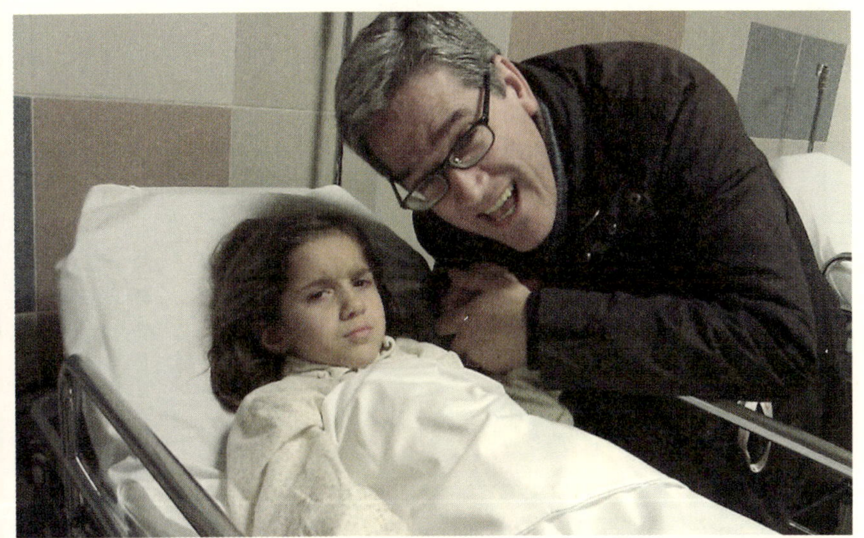

Im Krankenhaus, nach einer von Lolitas Operationen (Januar 2014)

Vortrag an der Universität Kaunas auf einer unserer vielen gemeinsamen Reisen (Januar 2015)

Feier unserer Silberhochzeit nach einem Dankgottesdienst (2014)

In Weißrussland auf einer unserer letzten gemeinsamen Reisen (November 2016)

In der Kathedrale von Myeongdong (Korea), auf der ersten (und letzten) Familienreise, die wir alle gemeinsam außerhalb Spaniens unternommen haben. Wir wurden eingeladen, mein Buch vorzustellen (August 2016)

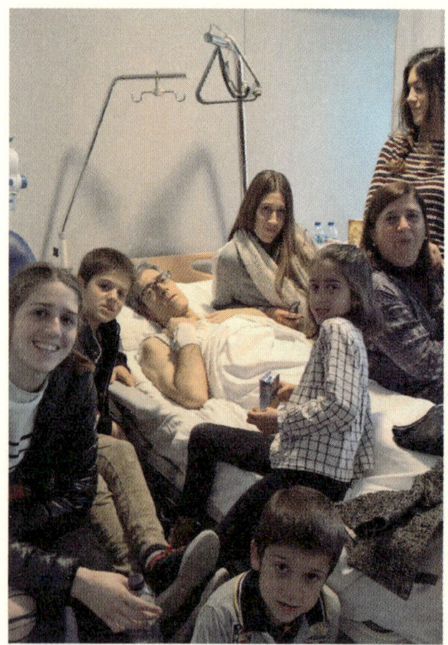

Mein Mann im Kreise seiner Familie kurze Zeit vor dem Heimgang in den Himmel (Februar 2017)

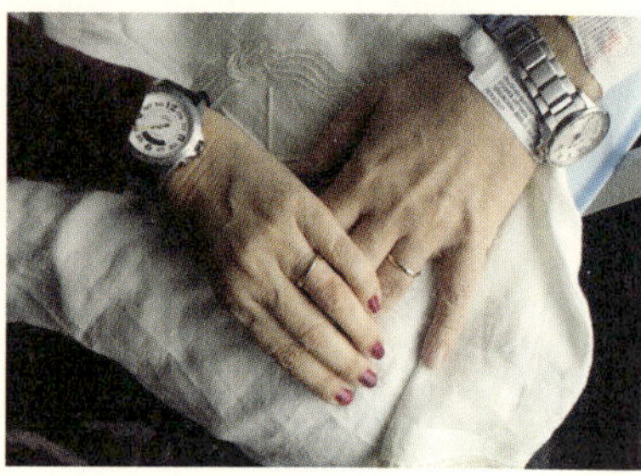

Dieses Foto sagt alles für mich (3. Februar 2017)

Am 6. März 2017 starb mein Mann. Am 8. März feierten wir sein Seelenamt in der Basilika Santa María del Mar in Barcelona